Katrin Pinetzki

DUNKLE GESCHICHTEN AUS Dortmund

Bildnachweis
Christiane J. B. Scheidt: Coverrückseite;
Katrin Pinetzki: S. 6, 18 o./u., 25, 31, 33, 43 o./u., 57, 59, 62, 65, 67;
Andreas Buck: S. 11;
Herbert Schmidt: S. 21, 22;
Oliver Schaper: S. 23;
Tim Henrichs: S. 26 l./r., 28, 45, 46, 47, 50;
Harald Hoffmann: S. 70;
Peyman Azhari: S. 74, 76, 77, 78.

Ein ganz herzliches Dankeschön für die Kooperation und Unterstützung an Ludwig Heinz Bücking, Conny Dietz, Karl Heinrich Deutmann, Markus Günnewig, Tim Henrichs, Dirk Schäfer, Didi Stahlschmidt, Simon Stock, Demetre Theophilopoulos, Uwe Paluszak, Oliver Volmerich, Anja Hecker-Wolf und Rüdiger Wulf.

1. Auflage 2017

Umschlaggestaltung: r2 | Ravenstein, Verden
Layout und Satz: Schneider Professionell Design, Schlüchtern-Elm
Druck: Druckerei Zimmermann Druck + Verlag GmbH, Balve
Buchbinderische Verarbeitung: Buchbinderei S. R. Büge, Celle

34281 Gudensberg-Gleichen, Im Wiesental 1
Tel. 0 56 03 - 9 30 50 www.wartberg-verlag.de
ISBN 978-3-8313-2974-8

Inhalt

Vorwort

Dortmund ist nicht düster: Die Stadt ist überraschend grün, ihr Herz schlägt schwarz-gelb, und die Bevölkerung ist bunt. Doch sie hat ihre Schattenseiten, ihre dunklen Geheimnisse und versteckten Ecken. Um die geht es in diesem etwas anderen Dortmund-Lesebuch.

Die dunklen Geschichten erzählen Düsteres, Geheimnisvolles, sogar Mystisches, manches ist schrecklich, manches traurig. Sie spielen am Abend, in der Nacht oder tief unter der Oberfläche. Es geht um das Fehlen von Licht – oder Augenlicht.

Vierzehn Kapitel entführen Sie an versteckte Orte, hinter verschlossene Türen und in vergangene Zeiten. Nur eines sind die Geschichten nicht: Schauermärchen. Alle geschilderten Begebenheiten sind wahr. Sie sind sorgfältig recherchiert und überprüft. Also: Licht aus – Leselampe an!

Der Zoo schläft nie: Ein Abendspaziergang

Der Kies knirscht unter den Schuhen, in der Ferne läuten die Glocken einer Kirche. Noch zwitschern die Vögel, aber es dämmert. Seit anderthalb Stunden hat der Zoo Dortmund geschlossen – dabei gibt es gerade jetzt einiges zu sehen, das dem Besucher sonst verborgen bleibt. Denn der Zoo schläft niemals so ganz: Wenn die Menschen Feierabend haben, kommt erst Leben in viele Tiere. Andere bereiten sich auf ihre Nachtruhe vor. Aber wo betten sich die Orang-Utans? Wird das Faultier etwa abends aktiv? Und was macht das Nashorn im Dunkeln? Beim Abendspaziergang durch den Dortmunder Zoo entdeckt man Dinge, die am Tag verborgen bleiben.

Wer lange gähnt, hat mehr im Kopf, wollen US-Forscher herausgefunden haben: Einer Studie zufolge haben Säugetiere umso mehr Nervenzellen im Hirn, je länger ihr Gähnen andauert. Wenn dies stimmt, gehören Kamele wohl zu den eher intelligenten Tieren: Kameldame Ute und Hengst Kasper laufen den späten Besuchern an ihrem Gehege erfreut entgegen und gähnen sie ausgiebig an. Es ist 18.30 Uhr im Dortmunder Zoo, der Abendspaziergang hat gerade begonnen. Gähnen ist ansteckend, auch vom Tier auf den Menschen – das erleben die Besucherinnen und Besucher nun, obwohl Zoolotse Jörg Droste Spannendes zu erzählen hat: Ein Kamel kann in zehn Minuten 120 Liter Wasser trinken – etwa so viel, wie in eine Badewanne passt. Damit kann das Tier zwei Wochen lang auskommen und zur Not sogar zwei, drei Mal mit Salzwasser auftanken. Staunend hören die Besucher zu, während Kasper sich gelangweilt abwendet und Richtung Stall stolziert – vermutlich in Richtung Schlafstatt.

Der Amur-Leopard im Dortmunder Zoo ist (auch) nachts aktiv. Er gehört zu den Tierarten, die ohne zoologische Gärten wohl schon ausgestorben wären.

Wenige Meter weiter lebt der Andenkondor, ein Geier, der sich an diesem Abend allerdings rar macht: Nichts ist zu sehen von dem Vogel, der schon 60 Jahre alt ist und dessen Flügel eine unglaubliche Spannweite von 3,20 Metern haben. „Wie alle Geier hat der Andenkondor übrigens keine Federn am Kopf“, stellt Jörg Droste den Vogel in Abwesenheit vor, „das wäre unpraktisch: Die Federn wären ständig verklebt von all dem Blut, in das er beim Aasen taucht.“ Brrr – eine unheimliche Vorstellung, die durch die Dunkelheit nicht besser wird. Und was sind das überhaupt für seltsam bellende Laute, die schon die ganze Zeit über das Gelände wabern? „Das sind die Seelöwen“, erklärt Droste, „das Männchen kann die ganze Nacht lang bellen.“
Eher stille Vertreter sind Berry und Elisabeth – auch ein Paar, das sich tagsüber selten mal sehen lässt. Am Abend jedoch streifen die beiden Stachelschweine durch ihr Gehege und balancieren

über quer liegende Baumstämme, unbeeindruckt von den Menschen, die sie betrachten. Bis der Zoolotse ihnen mit der Hand durch die Stacheln fährt. Wie bei einem Regenschirm schnellen da die verhornten, spitzen Haare der Tiere in die Höhe. „Die äußeren langen sind recht weich, aber mit den inneren Stacheln könnte man durchaus jemanden erstechen“, sagt er – und zieht die Hand schnell wieder hinaus.

An der nächsten Station kommt zum ersten Mal die Taschenlampe zum Einsatz: Mit ihrem Schein fängt Jörg Droste den Philippinen-Musang auf, eine Schleichkatze, die in ihrer Heimat die Früchte von Kaffeepflanzen frisst, die Kerne der Kaffeekirschen unverdaut wieder ausscheidet – und damit die teuersten Kaffeebohnen der Welt produziert. Musang-Kaffee made in Dortmund – ob das im Zoo auch funktionieren würde? Jörg Droste schüttelt den Kopf: Dazu bräuchte man erst einmal eine entsprechende Menge an Kaffeepflanzen, und die wachsen nun einmal lieber im Warmen – schade eigentlich.

Warm ist es im Amazonashaus, stickig und dunkel, und das Licht bleibt aus, schließlich schlafen die ersten Orang-Utans bereits. In einer Hängematte schaukelt sich Yenko in den Schlaf, ein Jungtier, das 2014 unfreiwillig für Schlagzeilen gesorgt hatte, als ihn Walter, der Platzhirsch unter den Orang-Utans, so fest gebissen hatte, dass sein Unterarm amputiert werden musste. „Er kommt super klar und klettert auch einarmig durchs Haus“, erzählt Jörg Droste und leuchtet mit der Taschenlampe über den ziemlich unaufgeräumten Boden des Amazonashauses, den die Besucher von oben wie von einer Galerie aus sehen – ein wenig erinnert das Affenhaus an ein Kinderzimmer, nachdem die Kindergartenfreunde nach Hause gegangen sind, natürlich ohne vorher aufzuräumen. „Das ist normal hier“, sagt Droste, „die Pfleger müssen sich einiges einfallen lassen, um die Menschenaffen zu beschäftigen. Und jedes neue Spielzeug wird sofort in seine Bestandteile zerlegt."

Auch andere Tiere im Dortmunder Zoo sorgten unfreiwillig für Schlagzeilen – etwa die beiden Humboldtpinguine, die in einer anderen dunklen Nacht von unbekannten Einbrechern gestohlen wurden. Ein weiterer wurde tödlich verletzt außerhalb seines Geheges gefunden. Nicht erst seit diesem Vorfall dreht ein Sicherheitsdienst jede Nacht seine Runden durch das weitläufige, parkähnliche Areal, außerdem wurde ein neuer, höherer Zaun um das Gelände gezogen. Um 19 Uhr jedenfalls, davon können sich die Besucher überzeugen, sind die Pinguine noch wach und tummeln sich außerhalb des Wassers. „So viele sind tagsüber nur zu sehen, wenn es Futter gibt", sagt Droste.

Den meisten Platz pro Tier haben im Dortmunder Zoo wohl die Luchse: Sie leben in einem kraterähnlichen Areal, das die Besucher von einer Art Balkon aus überblicken können. Schon tagsüber fällt es schwer, die Tiere zwischen den Bäumen auszumachen – wie soll das erst nachts funktionieren? Doch Jörg Droste leuchtet unbeirrt mit der Lampe ins Dunkel – und wird tatsächlich fündig. Am anderen Ende der Anlage flitzt ein Luchs. „In Westfalen war das Tier ausgerottet, aber inzwischen hat man im Sauerland wieder einige ausgesetzt", weiß der Zoolotse.

Auch beim Mähnenwolf haben die Besucher Glück. Er demonstriert live, was mit dem „Passgang" gemeint ist, von dem Jörg Droste gerade erzählt: Die rechten und die linken Beine bewegen sich jeweils abwechselnd, so wie auch bei Kamelen oder Giraffen.

Erstaunlich wach für die Tageszeit ist tatsächlich Faultier Julius im Tamandua-Haus. Für ein Faultier ist Julius sowieso ungewöhnlich aktiv – im Herbst 2016 hangelte er sich so schnell über die Köpfe der Besucher, dass er, durch eine Blasenentzündung geschwächt, einem Erstklässler auf den Kopf fiel. Das Abenteuer ging für beide glimpflich aus, und Julius ist seitdem der Star im Tamandua-Haus. Auch an diesem Abend klettert Julius vor den Augen der Abendbesucher einige Meter, bevor er seine bequeme Schlafposition gefunden hat: Kopfüber entspannt an einem Ast baumelnd, den Arme und Beine fest umklammern. Auch die Nashörner haben sich schon auf den Bauch gelegt. Bald geht im Nashornhaus das Licht aus, dann geben auch die Spatzen Ruhe, die dort unter Dach noch munter zwitschern. Nur der Seelöwe, der bellt noch weiter, denn: Der Zoo schläft nie.

Mit dem Nachtwächter ins Mittelalter

Im vermeintlich dunklen Mittelalter hieß Dortmund „Tremonia“, war eine freie Reichsstadt und die wichtigste Hansestadt Westfalens. Könige und reiche Kaufleute hinterließen ihre Spuren in der großen, prächtigen Stadt. Davon erzählt der Nachtwächter auf seiner Tour durchs mittelalterliche Dortmund, ebenso wie vom einfachen Volk – und von einem Hochverrat, der auf dem Scheiterhaufen endete und bei dem das westfälische Traditionsgericht „Pfefferpotthast“ eine nicht unbedeutende Rolle spielt.

Wenn er durch das dämmernde Dortmund schreitet, ruhen die Blicke aller Passanten auf ihm: Clemens Heinrich trägt einen langen schwarzen Umhang mit Kapuze, eine Kordel um den Bauch, an der ein Lederbeutel baumelt und an den Füßen schwere Holzclogs. In der einen Hand hält er eine Laterne, in der anderen einen mannshohen Spieß und um den Hals hängt ein Rufhorn. „Ich bin Clemens Henricus Nocturnus Viglilantus,

Nachtwächter", stellt er sich mit dröhnender Stimme vor und tutet in sein Horn. „Könnten Sie bitte einmal kurz meine Hellebarde halten?" Schon drückt er seinem Nachbarn die spießartige Waffe in die Hand. Der nimmt sie hilfsbereit entgegen – und hätte damit vor einigen hundert Jahren bereits einen kapitalen Fehler begangen. Willkommen in Dortmunds Mittelalter!

Was falsch daran wäre, die Hellebarde, Amtszeichen und Waffe eines Nachtwächters, anzufassen? Man hätte damit seinen guten Ruf aufs Spiel gesetzt, wenn nicht gar gegen die göttliche Ordnung verstoßen. Denn obwohl der brave Nachtwächter die eng mit Holzhäusern bebaute Stadt voller offener Feuerstellen bewachte, obwohl er auf den Straßen für Ordnung sorgte und Dortmund vor Feinden warnte, galt der Beruf des Nachtwächters als „unehrlich", als nicht ehrenhaft. Schließlich schleicht ein Nachtwächter durch dunkle Gassen, kommt dabei in Kontakt mit Dieben oder Gaunern, womöglich sogar Dämonen – nach mittelalterlich-religiösem Weltbild also Grund genug, Distanz zu wahren. Denn Unehrenhaftigkeit färbt ab, so die Vorstellung.

Wer das nicht schaffte, wer sich einer Ehrverletzung schuldig machte, lief Gefahr, im „Trissel" zu landen. Der Trissel war die Dortmunder Variante des Prangers: Ein großer, drehbarer Korb aus Holz oder Eisen auf dem Marktplatz, in dem die in Ungnade Gefallenen oft tagelang angebunden und von den Umstehenden „trisselig", schwindelig gedreht wurden wie auf einem Karussell. Zur Übelkeit kam der öffentliche Spott – und doch waren die so zur Schau Gestellten wohl froh darüber, „nur" im Trissel gelandet zu sein und nicht etwa am Galgen. Die Straße „Am Trissel", die vom Alten Markt zum Westenhellweg führt, erinnert heute an den Standort.

Das Hängen am Galgen war die gängige Todesart – doch bei weitem nicht die einzige, und mitunter ging die Misshandlung

Nachtwächter vor dem Adlerturm, einer von einst mehr als einem Dutzend Türmen entlang der Stadtmauer.

noch nach dem Tod weiter. In puncto Todesarten war das Mittelalter durchaus erfinderisch, wobei die grausam anmutenden Folter- und Todesarten dazu dienten, die göttliche Ordnung wieder herzustellen: Je schwerer das Vergehen und die Sünde, desto wichtiger war es, schon auf Erden öffentlich sichtbar zu strafen, bevor die Seele dem Jenseits überlassen wurde.

Eine, die nicht am Galgen hing, sondern anno 1378 angeblich lebendig auf dem Scheiterhaufen mitten auf dem Marktplatz verbrannt wurde, war Agnes von der Vierbecke, Witwe des Dortmunder Patriziers Sudermann. Sie hatte sich des Hochverrats schuldig gemacht. Der Nachtwächter zeigt auf den Stadtgarten und den dahinter liegenden Wall: „Dort lag das Wißstraßentor, eines der sechs Stadttore. Agnes von der Vierbecke wollte Engelbert III., dem Grafen von der Mark, mit einer List dabei helfen, Dortmund zu erobern. Sie lenkte die Wachen ab und schickte sie Pfefferpotthast kaufen, den westfälischen Traditionseintopf." Kaum waren die Wachen weg, so der Nachtwächter, öffnete Agnes das Tor, um einen Leiterwagen einzulassen, der wie ein trojanisches Pferd mit feindlichen Soldaten gefüllt war. Womit Agnes nicht gerechnet hatte: Das Fallgitter des zweiten Tores innen im Turm war noch nicht hochgezogen. So misslang die List, alle Soldaten wurden geschnappt, und auch Agnes starb, gefesselt an den Leiterwagen, in den Flammen.

Für die Geschichte um die ruchlose Agnes gibt es zwar keinerlei historischen Beleg – doch sie wird bis heute erzählt und erfuhr im Laufe der Jahrhunderte viele Ausschmückungen in Gedichten, Erzählungen oder Theaterstücken. Sogar die Große Dortmunder Fehde, die zehn Jahre später begann und bei der sich Dortmund erfolgreich, aber unter großen finanziellen Verlusten gegen 1200 Ritter des Kölner Erzbischofs und der Märkischen Grafen behauptete, soll auf Agnes zurückzuführen sein: Ihre Hinrichtung habe dem Grafen von der Mark als Begründung für den neuerlichen Angriff gedient, heißt es.

Vom Wißstraßentor gibt es heute keine Spur mehr, ebenso wenig von den anderen Stadttoren entlang der Stadtmauer. An Osten- und Westentor, Neutor, Burgtor und Kuckelketor erinnern heute nur noch die Namen von U-Bahn-Haltestellen oder

Geschäften. Allein den Grundriss des Kuckelketores kann man heute noch an originaler Stelle im Straßenpflaster begehen.
Von den mehr als ein Dutzend Türmen entlang der Stadtmauer immerhin wurde der Adlerturm auf originalen Mauerresten an alter Stelle wiederaufgebaut. „Die Fundamente des Adlerturms wurden zufällig bei Bauarbeiten gefunden“, erzählt der Nachtwächter, und natürlich kennt er auch dazu eine dunkle Geschichte: Neben den riesigen, mittelalterlichen Steinen fanden die Bauarbeiter und später die Archäologen auch Knochenreste. Sie gehörten zum Skelett eines jungen Mannes, über den die Wissenschaftler anschließend einiges herausfanden: Er hatte eine tiefe Wunde am Schienbein, die allerdings nicht die Todesursache war. Der Tote war vermutlich wohlhabend, er hatte gute Zähne, wenn auch einen Vorderbiss. Er konnte offenbar lesen und schreiben, immerhin trug er eine Wachstafel bei sich. Und er stammte, das legen die medizinischen Analysen nahe, möglicherweise aus dem damaligen osmanischen Reich. Wie gelangte der Tote zwischen die Fundamente? Was hatte ihn nach Dortmund verschlagen? Eine Menge Rätsel hatten die Historiker nun zu lösen.
Gelöst sind all diese Rätsel nicht. Der Tote und viele archäologische Fundstücke jedenfalls können nun besichtigt werden: Der Adlerturm ist heute ein Kindermuseum, in dem Groß und Klein das mittelalterliche Dortmund mit allen Sinnen kennenlernen. Und das lohnt sich. Dortmund im Mittelalter: Wie eine Insel lag die wohlhabende Reichsstadt seit Mitte des 14. Jahrhunderts zwischen den Gebieten der Grafen von der Mark und der Erzbischöfe von Köln. Der Fredenbaum war die Grenze nach Norden, südlich reichte „Tremonia“ nur bis Hörde. Huckarde im Westen gehörte bereits zum Stift Essen, im Osten war die Funkenburg die Grenze. Doch diese nach heutigen Maßstäben kleine Stadt lag logistisch äußerst günstig direkt am Schnittpunkt zweier wichtiger Straßen: In Dort-

mund kreuzten der Hellweg, der von Ost nach West verläuft, und die Nord-Süd-Straße zwischen Köln und Norddeutschland.
An dieser Kreuzung schuf im 8. Jahrhundert Karl der Große eine Befestigung, so vermutet die Dortmunder Geschichtsschreibung. In der Zeit der Reisekönige im 10. Jahrhundert besaß Dortmund dann eine königliche Pfalz, also einen herrschaftlichen Stützpunkt für die reisenden Könige. Wo sich diese Anlage befand, ist ein weiteres Rätsel, an dem Archäologinnen und Archäologen noch brüten. Gefunden wurden bislang keinerlei Reste der Pfalz, doch die Experten vermuten, dass die Pfalz vor dem Burgtor am Burgplatz lag. Im 12. Jahrhundert dann wurde Dortmund vom Ort zur Stadt, und schon zu dieser Zeit waren Dortmunder Kaufleute in einen intensiven Fernhandel verwickelt. Dortmunder Münzen aus dem 10. bis 12. Jahrhundert fanden sich in ganz Skandinavien, im Baltikum bis nach Russland. Nachweisbar seit dem frühen 13. Jahrhundert und noch bis Anfang des 19. Jahrhunderts hatte Dortmund den Status einer freien Reichsstadt, war also unmittelbar Kaiser und Reich unterstellt und genoss dadurch gewisse Privilegien.
So kam es, dass die Dortmunder Kaufleute um die Familien Berswordt, Klepping oder Sudermann im 14. Jahrhundert bereits international bestens vernetzt waren – und dank ihres Reichtums sogar ein Stück spannender europäischer (Wirtschafts-) Geschichte schrieben: Um seinen Hundertjährigen Krieg zu finanzieren, verpfändete das englische Königshaus unter Eduard III. die Krone und erhielt dafür einen Kredit von 50 000 Gulden – eine unermesslich hohe Summe, die ein Konsortium Dortmunder Kaufleute gemeinsam aufbrachte. „Dortmund war eine Stadt der Millionäre“, kommentiert der Nachtwächter. Und die englische Krone, sie lag in Dortmunder Händen – zumindest vier Jahre lang, bis sie 1343 wieder ausgelöst werden konnte.

Legende des Nachtlebens: Das „Spirit"

Egal, wie und wo die Partynacht in Dortmund anfängt: Sie endet im „Spirit". Die Diskothek an der Helle 9 genießt Kult-Status, hier tanzt der Abiturient mit dem 60-Jährigen, kickert die Studentin mit dem Rocker – und das schon seit Jahrzehnten. DJ Mimmi legt seit Anbeginn dort auf, inzwischen mit Lesebrille auf der Nase. Dass dem Laden allzu innige Verbindungen mit dem Rockerclub Bandidos nachgesagt werden, dass angeblich eine Leiche einbetoniert unter der Tanzfläche liegt – all die Geschichten, Gerüchte und Legenden, die sich um das Spirit ranken, erhöhen nur seinen Reiz.

SPIRIT – die fünf orange-roten Buchstaben erheben sich mächtig wie ein Feuer aus einem Meer aus Totenschädeln. Das martialische Graffito im Erdgeschoss des Gebäudes Helle 9 lässt schon ahnen: Wer chic ausgehen möchte, ist hier falsch. In der oberen Etage des Gebäudes hat sich der Rockerclub Bandidos sein Vereinsheim eingerichtet, unten wird gerockt, jeden Mittwoch, Freitag und Samstag. Bevorzugte Musikrichtung: Hard Rock und Heavy Metal. Das hat in diesem Gebäude Tradition, auch wenn die Namen und Betreiber der Disco wechselten. Seit fast 30 Jahren zieht der Club nun unter dem Namen „Spirit" Nachtschwärmer an – ein ungewöhnlich langes Leben in dieser Branche.

Das Besondere am Spirit ist: Die Zeit scheint darin stehen zu bleiben. Wer nach fünf, zehn oder gar 20 Jahren erstmals wieder die drei Stufen neben der Kasse hinaufläuft, findet alles vor wie in der Erinnerung. Am Ende vor Kopf die Tanzfläche, auf der die Haare (und manchmal auch die Fäuste) fliegen. Der Tresen, an dem die meisten Gäste vorsichtshalber nur Flaschenbier bestellen. Der ständig belegte Kicker an der Treppe, die zu den Toiletten

hinunterführt. Der zum Scheitern verurteilte Versuch, den Gang hinunter zu vermeiden – die Klos im Spirit sind nichts für Zartbesaitete. Manch einer, erzählt man, sei mit seinen Flip-Flops schon am Boden kleben geblieben. Es ist eine dieser Geschichten, wie es hunderte aus dem Spirit gibt, allerdings eine besonders unglaubwürdige: Wer würde schon mit Flip-Flops ins Spirit gehen?
Hinter dem erhöhten DJ-Pult links von der Tanzfläche steht eine Institution: DJ Mimmi. Mimmi trägt schwarz gefärbte, schulterlange Haare mit grauem Ansatz, Drei-Tage-Bart und eine schwarze Cargo-Hose mit schwerem Metall-Gürtel. Seit 1978 legt er auf, erst Platten, dann CDs, nun klickt er Dateien an. Musik ist Musik. Fragt man Dortmunder nach dem Spirit, erinnern sich die meisten an Mimmi. Und sonst an nicht mehr viel. Oder zumindest nicht deutlich. Denn das Spirit ist die letzte Station auf der Tour durch die Nacht, die dort langsam und unbemerkt zum Morgen wird. Mimmi ist der Mann, der den Soundtrack dazu liefert, er ist der Zeremonienmeister des Dortmunder Nachtlebens – und wie über jede Institution gibt es auch über ihn Dutzende Geschichten und Gerüchte: Stimmt es, dass er hinterm DJ-Pult pinkelt? Dass er schon mal jemanden verprügelt hat, weil ihm der Musikwunsch nicht gefiel? Ist er eigentlich Bandido? Er müsste doch mindestens schon 60 sein?
Das mit dem Alter stimmt. Immerhin. „Mimmi" heißt er, seit er klein war. Seine Mutter hat ihn so gerufen. Eigentlich heißt er Demetre Theophilopoulos, doch „Mimmi" blieb. Im Alter von drei Jahren kam er nach Dortmund, wuchs in der Nordstadt auf, machte den Hauptschulabschluss und eine Ausbildung zum Kfz-Mechaniker. Gegen Ende seiner Lehre begann er, Platten aufzulegen. Als seine Chefs das mitbekamen, stellten sie ihn vor die Wahl: Entweder die Musik – oder deine Stelle! „Da habe ich natürlich bei Mercedes aufgehört", sagt er. Mimmi entschied sich für die Musik,

immer wieder. „Ich hätte zwei Mal heiraten können, aber ich hätte das Auflegen aufgeben müssen. Das wollte ich nie."

Aufgegeben hat er dafür die Drogen – seit Mitte der 1990er-Jahre, sagt er, rühre er keine mehr an, inzwischen hat er auch dem Alkohol entsagt. Sein legendärer Ruf stammt aus früheren Zeiten: Es galt durchaus als Mutprobe, sich bei Mimmi einen Song zu wünschen. „Ich konnte früher schon mal etwas garstig werden", gibt er zu, „viele wünschen sich eben zum falschen Zeitpunkt das Falsche." Heute, sagt er, sehe er das entspannter, obwohl er nach wie vor nicht jeden Musikwunsch versteht. „Letztens hat sich ein Jugendlicher ZZ Top und Led Zeppelin gewünscht", sagt er kopfschüttelnd, „ein Jugendlicher!" Musikalisch versucht Mimmi, immer up to date zu bleiben: An den Tagen, an denen er nicht auflegt, sucht er im Internet-Radio nach neuen Songs und bereichert seine MP3-Sammlung, die inzwischen 26 000 Lieder umfasst.

Die Zeiten ändern sich. Selbst im Spirit. Die Studenten, sagt Mimmi, gingen viel weniger feiern als früher. Die Schuld gibt er den Uni-Refomern, die aus dem Studium alten Zuschnitts eine Schnellstraße zum Bachelor gemacht haben. Versumpfte Abende im Spirit passen da nicht mehr. Besonders mittwochs, wenn das Bier für eine Mark zu haben war, war das Spirit früher voll, und die Studenten auch. Heute sind sie längst etabliert und kommen ab und zu noch einmal vorbei, um in Erinnerungen zu schwelgen. „Letztens im Krankenhaus ist ein Oberarzt ausgerastet, als er mich gesehen hat – er hat sich so gefreut!", erzählt Mimmi. „Ich müsste auch ziemlich viele Lehrer kennen, so viele Lehramtsstudenten, wie bei uns gefeiert haben." Ab und zu, sagt er, komme auch jemand ans DJ-Pult und richte ihm „schöne Grüße von meinen Eltern" aus. DJ Mimmi will weitermachen, so lange es noch geht – und wenn irgendwann die Enkel von ihren Großeltern grüßen, wird er sich ebenso freuen.

Bandidos, Drogen, Leichen: Um die Rocker-Disko „Spirit" ranken sich viele Anekdoten. DJ Mimmi, der seit Jahrzehnten dort auflegt, ist selbst eine Legende.

Und die Geschichte mit der Leiche unter der Tanzfläche? Sie stimmt tatsächlich – allerdings trug sie sich in den 1980er-Jahren zu, als das Spirit noch „Nummer 9“ hieß. Nachzulesen ist der Fall in der Ausstellung „110“ im Polizeipräsidium. Demnach wurde eines Tages der Kaufmann H. vermisst gemeldet. Er betrieb drei Lokale in der City, darunter auch das „Nummer 9“. Eine Woche nach seinem Verschwinden bekam die Polizei einen anonymen Brief mit einem Hinweis: „An das Polizeistation Dortmund“, stand maschinengetippt auf der Notiz, „WENN SIE ABREISSEN HAUS WORIN DISCOTEK NR. 9 DORTMUND HELLE NR. 9 SIE FINDEN ÜBERRASCHUNG GROßE IN WÄNDE.“ Mit Leichenspürhunden machte sich die Polizei auf ins Brückstraßenviertel. Nach vier Stunden war die Leiche freigelegt: Zwei Angestellte hatten H. ermordet, in einen Teppich gewickelt und in einen Sockel im Keller einbetoniert. Laut Polizeiakte schuldeten die Täter ihrem Chef Geld, das sie nicht zurückzahlen konnten. Der Richter gab ihnen lebenslänglich.
Mimmi weiß mehr: Die Täter, sagt er, seien längst wieder entlassen und machten sich in Griechenland ein schönes Leben. Es sei damals um Konzessionsstreitigkeiten gegangen. Und die Leiche sei gar nicht im Keller an der Helle 9 gefunden worden, sondern in einem Café direkt nebenan. Dass sich das Gerücht von der Leiche im Spirit dennoch so hartnäckig hielt, liegt vermutlich auch daran, dass niemand ein großes Interesse daran hatte, die Sache richtigzustellen: Nach dem Mord, erinnert sich Mimmi, sei der Umsatz im Spirit sprunghaft angestiegen. Alle wollten auf der Tanzfläche feiern, unter der die Leiche gelegen hatte.
(Nach Redaktionsschluss hat die Geschäftsführung angekündigt, das „Spirit“ zu schließen.)

Schicht im Schacht: Im Besucherbergwerk Graf Wittekind

Wie haben Bergleute vor hunderten Jahren gearbeitet? In einer Zeit, als es noch keine Fördertürme und schwere Maschinen gab? Im Bergwerk am Syberg bekommt man eine Ahnung davon, wie sich Bergbau in vorindustrieller Zeit anfühlte.

Erstaunlich hell sind die Schutz-Overalls, die die Besucher bekommen – ehemals weiß und in vielen Grubengängen vom Kohlenstaub und -schmutz beige-gräulich eingefärbt. Dazu gibt es Handschuhe, Arschleder, Knieschoner und zusätzlich zum Helm eine Grubenlampe. Ist das nicht ein wenig übertrieben für einen Spaziergang zu einem lange nicht mehr abgebauten Flöz in einem Besucherbergwerk?
Auf der ruhrabgewandten Westseite des Burg-Berges in Dortmund-Syburg waren von 1582 bis ca. 1900 nacheinander drei Steinkohlezechen in Betrieb. Der Arbeitskreis Dortmund im „Förderverein Bergbauhistorischer Stätten Ruhrrevier" erforscht diese Bergbaugeschichte und bewahrt sie für die Nachwelt. Konkret bedeutet das: Die Mitglieder sind jeden Samstag vor Ort und unter Tage, sichern, kartieren und erhalten die Grubenbaue in ungezählten Arbeitsstunden – oder führen Besucher in den Berg. Seit 1986 sorgen sie dafür, dass insgesamt drei Stollen im Syberg auch in Zukunft gesichert und zugänglich bleiben. Insgesamt 500 Meter stehen inzwischen unter Bodendenkmalschutz und sind von der Bergbehörde als Besucherbergwerk zugelassen.
Ein Spaziergang ist es allerdings nicht, der die Mutigen im Förderstollen Graf Wittekind, nahe dem Kaiser-Wilhelm-Denkmal, erwartet. Wer sich traut, durch das Mundloch zu gehen – so

Der „Mundloch“ genannte Eingang ins Besucherbergwerk.

nennt man den mit einer Gittertür gesicherten Eingang – ahnt schon nach wenigen Metern, dass die Schutzkleidung alles andere als übertrieben ist. Schon den Eingang betritt man leicht gebückt, und es geht immer mehr in die Knie. Eine bequeme Höhe von 2,5 Metern gibt es nur an zwei Stellen, und es wird immer niedriger, nach wenigen Metern dann auch noch nass. Der letzte Regen ist zwar schon mehrere Tage her, doch es dauert seine Zeit, bis sich das Wasser seinen Weg in den Berg gebahnt hat. Richtig trocken ist der Stollen nie.

Die Luft ist feucht und wärmer als draußen – eine gute Umgebung für Spinnen, die dann und wann im Flackern des Lichtkegels kurz zu sehen sind. Plötzlich kann man nur noch hocken. Wären die Lampen vor dem Schutzhelm nicht – es wäre stockfinster. Und es ist still – so still, dass man sein eigenes Herz schlagen hören würde, wären da nicht die anderen Mitglieder dieser Expedition durch den Berg.

Die Strecken sind mit Holzstempeln fachmännisch gestützt – einige Mitglieder des Arbeitskreises, die die Stollen in Schuss halten, waren früher tatsächlich einmal Bergleute. Hunderte Baumstämme sichern den schmalen Grubenbau, durch den man nun tatsächlich kriechen muss – liegend, auf dem Bauch, so wie die Bergleute früher. Irgendwann geht es auch noch bergauf. Immerhin gibt es ein Seil, an dem man sich robbend hochziehen kann, während wenige Zentimeter über dem Schutzhelm unnachgiebig harter Stein den Bewegungsradius begrenzt. Wer Platzangst hat, ist schon vorher umgekehrt – und trotzdem: Nicht alle, die aus dem Kriechtunnel klettern, sehen noch fröhlich aus. Es ist eine Grenzerfahrung, 20 Meter unter der Oberfläche des Sybergs.
Eines ist die Tour jedoch nicht: gefährlich. In den Stollen gibt es kein Gas und keine Explosionsgefahr, auch ein Einsturz ist ausgeschlossen. Sicherheit steht für die Vereinsmitglieder an erster

Knochenjob mit der Spitzhacke: Im Besucherbergwerk kann man den Kohleabbau wie früher erleben.

Kein Spaziergang: Der Förderstollen in Syburg ist feucht, eng und niedrig.

Stelle. Sogar Kindergeburtstage bieten sie im Berg an – dann allerdings meist in einem der etwas bequemer zu begehenden Stollen.

Die Strapazen der Tour durch den Stollen sind allerdings erst der Anfang – schließlich ist dies „nur" der Weg zum eigentlichen Arbeitsplatz „vor der Kohle", also zum Kohleabbau. Es ist ein Arbeitsplatz, der nur das Liegen erlaubt. In unmöglicher Position und bei mangelhaftem Licht gilt es, mit einer Spitzhacke ein Stück Kohle aus dem Flöz zu hauen, so wie die alten Bergleute. Das Kohleflöz ist hier 52 cm dick oder, wie der Bergmann sagt, „mächtig". Wie ergiebig das Bergwerk tatsächlich war, ist nur teilweise überliefert: 1868 wurden zum Beispiel 55 Tonnen Steinkohle gefördert, fünf Jahre später waren es (mit fünf Bergleuten) schon 540 Tonnen – unter heute unvorstellbaren Anstrengungen.

Wer ein wenig tiefer in den Syburger Wald geht, kann sogar noch mehr Spuren des historischen Bergbaus in Dortmund entdecken – die Zeche Graf Wittekind aus dem 19. Jahrhundert ist

nur eine von mehreren im Dortmunder Süden, deren Reste man auf dem „Syburger Bergbauweg“ findet.
Schon 1296 wird mit Konrad aus Schüren ein Kohlengräber im Dortmunder Bürgerbuch verzeichnet – der älteste Nachweis der Kohleförderung im Ruhrgebiet. „Bergbau“ war es allerdings eher nicht, den die Kohlengräber damals betrieben: Das schwarze Gold wurde seinerzeit nahe an der Oberfläche ohne allzu großen Aufwand aus im Flöz gegrabenen Kuhlen gewonnen. Erst im späten Mittelalter entstanden an Berghängen kleine Stollen, um auch aus tieferen Schichten die Kohle zu fördern. Neben dem Mundloch zum Bergwerk Graf-Wittekind-Stollen gibt es im Dortmunder Süden versteckt im Wald noch weitere Eingänge in den Berg zu entdecken, die einst zu Kleinzechen gehörten.
Inzwischen ist auch die Zeit der großen Zechen schon lange vorbei, die letzte Dortmunder Zeche, „Minister Stein“ in Eving, schloss 1987. Kohle fördern kann man im Ruhrgebiet wohl tatsächlich nur noch wie vor zuletzt 400 Jahren – mit Spitzhacke in einem niedrigen Streb mitten im Syberg vor der Kohle liegend.

Einchecken unter der Erde: Das Bunkerhotel an der Westfalenhalle

Im „Hotel Fleiter“ gastierten in den 1950er-Jahren Show-Stars und berühmte Sportler, dort fanden Pressekonferenzen und After-Show-Partys statt. Kein Wunder, es befindet sich direkt neben der Westfalenhalle – fast sogar unter ihr: Die Hotelgäste nächtigten in einem unterirdischen ehemaligen Kriegsbunker, in dem noch wenige Jahre zuvor bis zu 650 Menschen Schutz vor Bombenangriffen gefunden hatten.

Wenige Meter südlich der Bundesstraße 1 liegt der unscheinbare Eingang ins ehemalige Bunkerhotel.

Zwischen der Westfalenhalle 1 und dem Rheinlanddamm liegt ein großer Parkplatz, sonst nichts – auf den ersten Blick. Wer genauer hinschaut, erkennt ganz hinten, wenige Meter vor dem Gitterzaun, der den Parkplatz von der Bundesstraße 1 trennt, einen Schornstein – und einige Meter weiter links eine gemauerte Erhebung. Was von weitem aussieht wie ein Lüftungsschacht, ist nichts anderes als der (Not-) Eingang in einen Bunker und zugleich in das wohl verrückteste Hotel, das Dortmund je hatte. Der ehemalige Haupteingang ist längst abgerissen – rein gar nichts weist heute darauf hin, dass bis ins Jahr 1984 Menschen zum Übernachten eincheckten.
Noch 1971 wurde das „Bunkerhotel", wie es genannt wurde, in einem Buch über die „Superlative einer arbeitsamen Stadt" erwähnt – also lokale Skurrilität. Schon damals hatte das Hotel Fleiter seine besten Zeiten wohl hinter sich, und die Autoren des Bandes sahen davon ab, das Hotel in der Adressliste als

Unterkunft zu empfehlen. Aber es war selbstverständlich etwas Besonderes: „Bis zu 6 m dick sind die Wände des Bunkerhotels der Westfalenhalle. Kein Wunder, daß dieser Bau alle Kriegswirren unbeschadet überstanden hat. Während des Krieges fühlten sich hier Prominente bei einem Dortmund-Besuch am sichersten. Heute ist der Bunker zu einem Hotel umgestaltet, das trotz seiner Lage unter der vielbefahrenen Bundesstraße 1 eine ungewöhnliche Ruhe bietet“, heißt es in dem Band. Absolute Stille herrscht noch heute, wenn man die Reste des Bunkerhotels betritt – auch wenn die Stahlbeton-Wände tatsächlich „nur“ 1,40 m dick sind. Doch abgesehen von der Ruhe: Wer hatte die verrückte Idee, einen Bunker zum Hotel zu machen? Und warum?

Die Treppe führt hinab zum Bunker an den Westfalenhallen, der bis 1984 als Hotel genutzt wurde.

Ein Schlüsselbrett erinnert noch an die ehemalige Nutzung des Bunkers als Hotel.

Nach dem Krieg lag Dortmund zum größten Teil in Trümmern. Es gab kaum ausreichend Wohnungen für alle – von Hotels ganz zu schweigen. Dass in dieser Notsituation auch Bunker genutzt wurden, um den Menschen Obdach zu bieten, war nicht ungewöhnlich – sie waren schließlich (noch) voll ausgestattet und boten ein Dach über dem Kopf. Da viele Menschen nach langen und bangen Kriegsnächten in Bunkern ohne Not keinen Fuß mehr in die fensterlosen, dicken Betonmauern setzen wollten, waren es häufig Obdach- bzw. Wohnungslose, die auch nach dem Krieg vorübergehend in Bunkern schliefen.
Umso ungewöhnlicher die Initiative von Julius und Maria Fleiter: Das Dortmunder Gastronomen-Paar mietete den 1938 erbauten Luftschutzbunker mit seinen ca. 490 Quadratmetern Nutzfläche und der offiziellen Adresse Ardeystraße 1. Während wenige Meter weiter südlich die bei einem Bombenangriff zerstörte Westfalenhalle wiederaufgebaut wurde, ging bereits am 1. Mai 1948 das Hotel Fleiter an den Start. Als Bundespräsident Theodor Heuss vier Jahre später die neue Westfalenhalle einweihte, war das „Bunkerhotel" die erste Adresse für die dort auftretenden Künstlerinnen und Künstler sowie die Gäste. Boxer und Eiskunstläufer, Musiker und Showstars gastierten dort – andere Hotels gab es damals keine in der Nähe.
Wer heute durch die quadratische, nicht einmal einen Meter große Türöffnung klettert und mit der Taschenlampe in der Hand die 25 Stufen abwärts geht, begibt sich auf eine Zeitreise – je nach Vorstellungsvermögen in die dunklen Kriegsjahre, aber auch in die Wirtschaftswunderzeit und in die schrillen 1970er. Der ehemalige Luftschutzbunker hat eine wechselvolle Geschichte, deren Spuren noch teilweise sichtbar sind – zumindest für die, die Einlass finden. Der Schlüssel ist in der Dortmunder Stadtverwaltung gut aufgehoben und wird nur ausnahmsweise herausgegeben.

Groß gemusterte Tapeten über dunkler Holzvertäfelung: Bunker-Gemütlichkeit im Stil der 1970er-Jahre.

Mit jeder Stufe abwärts wird es kühler, es riecht modrig. Dürre, mit weißem Pilz überzogene Spinnen zittern unter der niedrigen Decke. Unten angekommen braucht es einen Moment, sich zu akklimatisieren. Kühl ist es, es herrschen dauerhaft 9 Grad. Und still – unheimlich still. Anders als in vielen anderen nicht mehr genutzten Bunkern funktioniert in diesem die elektrische Beleuchtung noch in einigen Räumen, und doch greift man automatisch zur Taschenlampe, um die wenigen verbliebenen Details in den überwiegend leeren Räumen besser zu erfassen: die schwarzen Bakelit-Lichtschalter, die pastellblau gestrichenen Türrahmen zu den Zimmern, die braun-blauen Quadrate des Fußbodenbelags, das Bild mit einer Zeichnung im Stil der 1950er-Jahre, die fast blinden und teilweise zerbrochenen Spiegel in den Bädern und – mit Überwindung – die Toiletten. Das Hotel Fleiter hatte 45

Betten, sie standen in für heutige Hotel-Verhältnisse winzigen Zimmern ohne eigenes Bad.
Die größte Überraschung hier unten ist der ehemalige Empfangs- und Schankraum des Hotels. Über einer dunklen Holzvertäfelung prangt noch die groß gemusterte Tapete aus orange-grünen Karos. In der Ecke das Schlüsselbrett, an dem einige Haken und auch einige der schwarzen Nummern auf goldenem Grund fehlen. Hinter der zersprungenen Glastür einer Vitrine sind fein säuberlich Bierdeckel der Kronen Brauerei aufgeklebt. Auch Bierflaschen und Aschenbecher aus Porzellan stehen noch auf den dunklen Regalen. Es braucht viel Phantasie, sich diesen Raum als gastliche Lobby und gemütliche Schankstube vorzustellen – oder als Ort glamouröser Premierenfeiern.
Elf Jahre nach dem Hotel Fleiter eröffnete pünktlich zur ersten Bundesgartenschau 1959 in Dortmund das Hotel und Gästehaus der Westfalenhalle, weitere Hotels folgten in den 1960ern. Das Bunkerhotel verlor an Bedeutung, vor allem aber seine prominenten Gäste: Statt Stars kamen nun Vertreter auf der Durchreise, auch als Stundenhotel wurde der ehemalige Bunker wohl genutzt. Inzwischen hatte die Tochter des Betreiberpaares den Betrieb übernommen, sie unternahm 1978 einen letzten Versuch und steckte Geld in eine Renovierung – unter anderem in jene bunt gemusterten Tapeten und Teppiche, die heute noch für Farbtupfer zwischen bröckelndem Putz und grauem Beton sorgen.
1984 war es dann vorbei – der Betrieb rentierte sich nicht mehr. Überwiegend Wohnungslose zählten zuletzt zu den Stammgästen. Ein ähnliches Bunkerhotel in Stuttgart, gelegen direkt unter dem Marktplatz, war noch ein Jahr länger geöffnet, dann endete dieses untergründige Kapitel deutscher Hotel-Geschichte endgültig.

In die Röhre gucken: Kontrollgang in Dortmunds Kanalisation

Nach dem Zweiten Weltkrieg war Dortmunds Innenstadt fast völlig zerstört – so sehr, dass manch einer einen kompletten Neuanfang wagen wollte: Warum Dortmund nicht an anderer Stelle wieder aufbauen? Dass dies nicht geschah und die Stadt heute noch die mittelalterliche Wall-Struktur aufweist, liegt an den unterirdischen Schätzen der Stadt. Mehrere hundert Millionen Euro sind all die Schächte und Kanäle wert – und werden von der Dortmunder Stadtentwässerung liebevoll gepflegt. Ein Blick in die Röhre.

Gummistiefel, Handschuhe, einen Ganzkörper-Schutzanzug, Helm und Taschenlampe – das braucht, wer Dortmunds wertvollstes Bauwerk besuchen möchte: die Kanalisation. Und ein wenig Mut. Zum Beispiel, um die Beine ins Dunkel eines Schachtes zu stecken und auf den schmalen, versetzt angebrachten Sprossen hinabzusteigen, die sich unter dem Kanaldeckel mitten auf dem Sunderweg am Dortmunder Hafen verbergen. Dreißig Meter in die Tiefe führen die tiefsten Kanalschächte in Dortmund. Am Steigeisen geht es nur zwei Meter hinab, und doch ist man dort wie in einer anderen Welt. Das Tageslicht, das durch das kreisrunde Loch von oben fällt, ist nun die einzige Lichtquelle. Nur die Taschenlampe enthüllt die Ursache des stetigen Plätscherns: Gemächlich fließt der Fäkalienbach vor den Füßen.
Es ist alles andere als eine Luxusimmobilie – und doch ist die Kanalisation das größte Vermögen, das die Stadt besitzt. Dass dort unten alles gut (ab)läuft, ist für uns selbstverständlich, und dafür sorgen die 100 Kanalarbeiter im Stadtbild, die trotz ihrer leuchtend orangefarbenen Arbeitskleidung nahezu unsichtbar

sind. Wie wichtig und wertvoll ihre Arbeit in den Eingeweiden der Stadt wirklich ist, wird so richtig erst dann klar, wenn es Störungen gibt. Damit das nicht passiert, sind sie täglich unter der Erde, reparieren, kontrollieren, reinigen.
Die Temperatur dort unten beträgt, je nach Tiefe, 15 bis 20 Grad, angenehm zu jeder Jahreszeit. Weniger angenehm sind der Geruch und mitunter auch die Aussichten: Es schwimmt all das vorbei, was die Menschen in die Toilette werfen. Während die Ausscheidungen samt Toilettenpapier inmitten des Wassers schon kaum mehr auszumachen sind, erweisen sich Tampons, Windeln oder undefinierbare Plastikteile als hartnäckiger, ganz zu schweigen von dem Beton, den jemand mit krimineller Ener-

In Gummistiefeln geht es durch den sanft plätschernden Fäkalienbach in Dortmunds Kanalisation.

gie über den Gully entsorgt hat. Auch Messer und Gabeln sind den Arbeitern hier unten schon begegnet – und wie eine Matratze und ein Fahrrad in die Kanalisation gekommen sein mögen, ist ihnen nach wie vor ein Rätsel. Doch auch das gab es schon.
Der Kontrollgang durch den Kanal beginnt. Seitlich am stinkenden Bach vorbeiwaten ist nicht ratsam, zu groß ist die Gefahr, in der Schräge des runden Kanalrohrs abzurutschen. Doch trotz der Gummistiefel kostet es einige Überwindung, in das nur wenige Zentimeter tiefe Wasser zu treten. Das Trittgefühl ist ein wenig wie im Watt am Strand – die Stiefel versinken leicht in sandig-matschigem Schlamm, und der Blick wandert an den Seitenwänden des runden Kanalrohrs entlang: Hier und da gibt es Stellen, die die Arbeiter im Blick behalten und die irgendwann ausgebessert werden müssen.
Die geschulten Augen registrieren Rattenkot und Risse im Mauerwerk, prüfen Wassermenge und den Grad der Verschmutzung. Wenn nötig, kommt der Spülwagen: Kugelförmig angeordnete Düsen werden dann am Schlauch durch den Schacht hinabgelassen. Der Motor des oberirdisch stehenden Spülwagens treibt die Pumpen an, mit 100 bar Druck spritzt das Wasser in alle Richtungen in den Kanal und entfernt auch das, was sich im Laufe der Zeit an den oberen Kanalwänden ablagert und die Wand beschädigen kann. Im Ernstfall hilft trotzdem nur der Mensch: Wurzeln, die in den Kanal eindringen oder Ablagerungen, gegen die der Wasserdruck nicht ankommt, beseitigen die Mitarbeiter in Handarbeit.
Fast 2000 Kilometer lang ist es, das unterirdische Kanalnetz. 60 Millionen Liter Wasser fließen täglich hindurch – im Schnitt 100 Liter für jeden Dortmunder. Durch die größten Kanäle könnte man mit einem Auto fahren. Doch nur 10 Prozent sind überhaupt begehbar, d. h. mehr als einen Meter hoch. Ältere Kollegen – es

sind bis auf eine Ausnahme ausschließlich Männer, die im Außendienst der Stadtentwässerung arbeiten – erinnern sich noch gut an die Zeiten, in denen sie auf Knien auch durch die niedrigsten Kanäle krabbeln mussten. Deren Wartung bzw. Kontrolle übernimmt inzwischen ein elektronischer Kollege: Ein robuster, wasserfester Kamerawagen, ausgestattet mit Scheinwerfern, fährt durch die Röhren und liefert Bilder, die die Mitarbeiter dann am Computer auswerten.

Es macht einen großen Unterschied, ob man im Norden oder im Süden Dortmunds in den Untergrund steigt: Während im hügeligeren Süden in fast jedem Kanal ein Gefälle herrscht, geht es im Norden deutlich flacher zu. Das hat Auswirkungen auf Fließ-

Nur zu zweit und mit Druckluft und Atemmasken auf dem Rücken steigen die Kanalarbeiter hinab in Dortmunds Gedärme.

geschwindigkeit und Trittsicherheit. Wenig Wasser im Kanal ist für die Arbeiter zwar angenehm. Ein langsamer Wasserfluss bedeutet allerdings auch, dass möglicherweise nicht alles richtig abfließt und Staus entstehen. Das zieht einen höheren Reinigungsaufwand nach sich. Tatsächlich erwartet die Kanalarbeiter unter jedem der Schachteingänge, die in den Kanal führen, täglich etwas anderes: ein ruhig fließender Bach oder ein reißender Strom, steile Treppen oder leicht abschüssige Wege, Kalkablagerungen, Bakterienteppiche, tote oder lebendige Ratten.

Rattenbekämpfung ist eine der Aufgaben der Stadtentwässerung, die sie mit Mut zu innovativen Lösungen angeht. Das Ziel lautet, mit möglichst wenig Gift möglichst viele Tiere zu töten. Sogar eine Selbstschussanlage gegen Ratten wurde bereits getestet. Schließlich belastet Rattengift das Wasser. Derzeit werden die Ratten nur dort mit Gift bekämpft, wo es besonders große Populationen gibt. Der Kanal ist sowieso kein Lebensraum für die Tiere, sondern dient ihnen als Abkürzung auf ihren Wegen durch die Stadt – und als eine Art Gastro-Guide: Wo sich besonders viel Nahrung im Kanal befindet, wird es sicher auch über der Erde etwas zu nagen geben. Umso wichtiger ist es, Essensreste nicht über den Kanal zu entsorgen, weder durch die Toilette noch durch den Gully.

Auch ohne die Ratten als Krankheitsüberträger birgt die Arbeitsumgebung in Dortmunds Dreckwasser viele Risiken, sichtbare und unsichtbare. Vor einem Absturz in den Schacht bewahren die Männer der Stadtentwässerung Auffanggurte und Seile, mit denen sie sich beim Abstieg sichern. Das ist vor allem auch dann wichtig, wenn jemand gerettet werden muss: Ohne Gurt gibt es keine Chance, jemanden aus der Tiefe zu bergen. Wie man einen bewusstlosen Kollegen aus dem Kanal zieht, wird regelmäßig geübt.

Eine unsichtbare Gefahr sind Gase, die sich in der Kanalisation entwickeln können, sei es durch Faulwasser, sei es, dass zu viel Kohlenstoffdioxid in der Luft ist. Wenn es faulig stinkt, droht Gefahr – doch nicht in jedem Fall lässt sich die Gefahr erschnüffeln. Vor jedem Abstieg lassen die Kanalarbeiter daher zuerst ein Gasmessgerät hinab und warten auf grünes Licht. Sollte die Luft unten trotzdem einmal knapp werden, helfen die Druckluftflaschen und Atemmasken auf dem Rücken, die die Arbeiter im Ernstfall einige Minuten lang mit Atemluft versorgen. Gegen die andere unsichtbare Gefahr, Keime und Bakterien, schützen sie sich mit dicken Handschuhen. Trotzdem: Mit frischen Schnittverletzungen darf niemand in den Kanal.
Und so riskieren die Kanalarbeiter seit inzwischen fast 140 Jahren ihre Gesundheit, um die der Stadt zu bewahren: Weil die Sterblichkeitsrate in Dortmund weit über der in anderen Städten lag, setzte eine vom Magistrat eingesetzte Kanalkommission durch, die Abwässer in Kanäle zu verlegen. Man hoffte so, „dem traurigen Gesundheitszustande der Stadt wieder aufzuhelfen“, wie Stadtbaumeister Hermann 1877 formulierte. Das ist gelungen. Ohne ein funktionierendes Kanalsystem gäbe es auch heute riesige Kloaken-Seen und Krankheiten, die eigentlich schon lange ausgestorben sind.

Mord im Rombergpark: Die Geschichte der Martha Gillessen

„Die Leiche meiner Schwägerin Martha Gillessen lag im Rombergpark auf dem Acker mit den drei Trichtern. Sie war eine große, stattliche Person mit blondem Haar. Sie war nicht in Umständen. Allerdings muss ich sagen, dass sie derart zugerichtet war, dass der Eindruck einer bestehenden Schwangerschaft bestehen konnte. Unter der Brust war sie schwer verletzt. Bauch und Unterleib waren stark angeschwollen."

Es klingt wie eine Szene aus einem Horrorfilm oder zumindest aus dem Dortmund-Tatort – doch was Emmy Richey, geborene Gillessen, dem Staatsanwalt Stricker da am 25. Februar 1950 zu Protokoll gab, war brutale Realität. Kurz vor Ende des Zweiten Weltkriegs wurde Dortmunds beliebter Botanischer Garten, der Rombergpark, zum Schauplatz eines Kriegsverbrechens. Nur wenige Tage, bevor amerikanische Truppen Dortmund im April 1945 komplett einnahmen, hatte die Dortmunder Geheime Staatspolizei (Gestapo) auf einer Lichtung in der Bittermark, im Rombergpark und auf dem Eisenbahngelände zwischen Hörde und Berghofen weit über 200 Menschen ermordet. Bei diesen sogenannten Endphaseverbrechen starben Zwangsarbeiter aus Europa und der Sowjetunion ebenso wie deutsche politische Häftlinge. Unter den Opfern: Martha Gillessen, 43 Jahre alt, dreifache Mutter. Eine Straße in der Nordstadt, am Hafen, erinnert heute an sie.

Die Nordstadt war ihre Heimat: Martha Gillessen und ihr Mann Richard wohnten mit ihren drei Kindern in der Osterlandwehrstraße am Borsigplatz. Sie stammte aus Bochum, aus einer Familie von Bergarbeitern, die gewerkschaftlich und politisch aktiv

waren. Schon früh geriet Martha Gillessen ins Visier der Nazis: Ende 1933 wurde sie verhaftet – sie hatte im Lebensmittelgeschäft ihrer Schwägerin ein gegen die Nazis gerichtetes Flugblatt weitergegeben. An die falschen Leute, wie sich im Nachhinein herausstellte. Ihre jüngste Tochter Hannelore war gerade einmal vier Jahre alt, da musste Martha Gillessen für eineinhalb Jahre ins Gefängnis – „Vorbereitung zum Hochverrat" lautete ihr Vergehen. Doch auch nach dieser Zeit hielt sie die Verbindung zu ihren politischen Freunden. „Sie hat nie Angst gehabt, den Mund aufzutun", erzählte ihre Tochter später. 1939 wurde Richard Gillessen zur Wehrmacht eingezogen, 1944 auch der gerade 17 Jahre alte Sohn. Er fiel noch im gleichen Jahr.
In den Jahren 1943 und 1944 kamen die Einschläge im Ruhrgebiet immer näher – britische und US-amerikanische Luftangriffe töteten zahlreiche Menschen und zerstörten die Dortmunder Innenstadt. Daher hatte Martha Gillessen so wie viele Dortmunder für sich und Tochter Hannelore eine Ausweichwohnung im Sauerland besorgt. Dort trug sich zu, was Martha Gillessen später das Leben kosten sollte: Sie versteckte eine von der Deportation bedrohte Jüdin bei sich, Charlotte Temming. Unter dem Namen „Frau Schneider" lebte Temming ab Dezember 1944 in der Zweitwohnung der Gillessens in Bestwig.
Über einen Spitzel erfuhr die Gestapo davon, und am späten Abend des 8. Februar 1945 kam sie, um die Frauen zu holen. Allerdings zunächst erfolglos: Martha Gillessen war gerade in Dortmund, um dort nach dem Rechten zu sehen. Und Charlotte Temming alias „Frau Schneider" erfasste die gefährliche Lage schnell: Sie floh durch das Toilettenfenster. Also nahmen die Gestapo-Männer die einzig Verbliebene mit, derer sie habhaft werden konnten: die 15-jährige Hannelore. Als eine Art Pfand brachte man sie nach Dortmund und sperrte sie in den Keller der Ge-

stapo-Zentrale an der Benninghofer Straße in Hörde. Die Rechnung ging auf: Einen Tag später waren Hannelore und ihre Mutter wieder vereint – in den Händen der Gestapo. Selbstverständlich hatte sich Martha Gillessen bei der Polizei gemeldet, um den Verbleib des Mädchens zu klären. Nun saßen sie beide in Haft.

Immer wieder holte die Gestapo Menschen aus dem Keller, um sie zu verhören und auch zu foltern. Auch Hannelore musste erleben, wie ihre Mutter gezeichnet von den Verhören in den Keller zurückkehrte. Am 26. Februar wurde Hannelore schließlich freigelassen: Ihre ältere Schwester, die beim Roten Kreuz arbeitete, hatte sich erfolgreich dafür eingesetzt, dass die Minderjährige das Gefängnis verlassen konnte.

Einmal noch sah Hannelore nach ihrer Freilassung ihre Mutter Martha. Bewaffnet mit Bestechungsschnaps und Zigaretten für einen Gestapo-Mann konnte sie ihr frische Wäsche und Lebensmittel bringen. Es sollte das letzte Treffen sein – und Martha Gillessen ahnte es wohl schon. Wie weit die Amerikaner denn schon vorgedrungen seien, fragte die inhaftierte Mutter ihre Tochter bei diesem letzten Treffen. Eine Befreiung durch die Alliierten schien ihr als letzter realistischer Ausweg.

Dazu kam es nicht, doch es war knapp: Während die amerikanischen Truppen immer näher rückten und Vorort um Vorort einnahmen, tötete die Gestapo ihre Gefangenen. Vom 7. März bis 12. April dauerte die Mordserie. Ein Tag nach den letzten Morden, am 13. April 1945, war Dortmund komplett in der Hand der Amerikaner und befreit.

Am 19. April wurde die Leiche der Martha Gillessen, 43 Jahre alt, in einem Bombentrichter im Rombergpark gefunden, zusammen mit vielen weiteren Toten. Solche „Endphaseverbrechen“ aus den letzten Wochen und Monaten des Zweiten Weltkriegs, in denen sich die Gewalt noch einmal potenzierte, geschahen in ganz Deutschland.

Im Stadtwald Bittermark erinnert seit 1960 ein Mahnmal an die Morde aus den letzten Kriegstagen. Es stammt von dem Hagener Künstler Karel Niestrath und Will Schwarz, jenem Dortmunder Architekten, der auch den Florianturm und das Gesundheitsamt entworfen hat. Die Krypta gestaltete der französische Künstler Léon Zack. Die Reliefs auf dem Mahnmal erzählen bildlich vom Leiden der Opfer. „Aus dem Frieden der Waldlichtung der Bittermark dringt nichts mehr von dem Grauen, dessen Zeuge sie einst war, an das Gewissen der Besucher. Das aber ist es, was das hier geplante Mahnmal für immer wachhalten soll“, schrieb Will Schwarz.

Tatort Dortmund: Polizeiarbeit zwischen Film und Realität

Wenn Kommissar Faber und sein Team ermitteln, ist Dortmund kühl und rau, dreckig und eckig. Das liegt nicht nur an den Geschichten und Drehorten des „Tatort“, sondern vor allem an seinen Bildern: Das Produktionsteam zeigt Dortmund ganz bewusst in dunklen Farben. Wie Polizeiarbeit in der Realität abläuft und Straftaten aufgeklärt werden, erhellt eine einzigartige Ausstellung im Dortmunder Polizeipräsidium.

Wenn der Dortmund-Tatort eine Farbe wäre, dann Grau. Im Fernseh-Polizeipräsidium arbeiten Kommissar Peter Faber und seine Kollegen hinter grauen Rollos, unter grauen Deckenlampen und zwischen grauen Raumteilern. Sie laufen über dunklen Boden, lesen in grauen Aktenordnern, und wenn ihr Blick vom grauen Monitor mal abschweift, landet er auf einem Foto

an der Wand. Es zeigt das Dortmunder Stadthaus in – wenig überraschend – Schwarz-Weiß, eingerahmt von einem grauen Passepartout. Dazu passen die Kostüme: Fernseh-Kommissare anderer Städte ermitteln auch mal in Haute Couture. Nicht die Dortmunder. Faber, Bönisch, Dalay und Kossik tragen sportlich-praktische Kleidung in Braun, Schwarz, Grau, Dunkelblau, Schlamm oder Oliv. Erdfarben. Extravaganz gibt es hier nicht.
„Der Bildeindruck soll schmutzig sein, weil wir schmutzige Geschichten erzählen“, sagt Tatort-Produzentin Sonja Goslicki. Und das funktioniert ganz ohne Filter, sondern dank einer sorgfältigen Auswahl bei der Ausstattung. Worum es in der Folge geht, spielt keine Rolle – Dortmund ist düster, egal, ob das Filmopfer ein junges Mädchen ist wie 2014 in der Folge „Auf ewig dein“, ein Motorrad-Rocker („Zahltag“ aus dem Jahr 2016) oder ein schwuler Student aus der High-Tech-Branche, wie bei der Dortmunder Tatort-Premiere 2012 („Alter Ego“). „Dortmund ist eine Stadt voller Widersprüche und Gegensätze und befindet sich im Aufbruch. Hier gibt es Roboterforschung und High Tech ebenso wie hohe Arbeitslosigkeit und Zuwanderung“, sagt Goslicki. Schwarz-Weiß-Malerei ist also nicht angebracht – der Dortmund-Tatort will von beidem erzählen. Und wer Schwarz und Weiß mischt, erhält Grau.
Von einer „der spannendsten Gegenden Deutschlands“ spricht auch Drehbuchautor Jürgen Werner. Er recherchierte für jeden seiner sieben Dortmund-Tatorte intensiv in der Stadt. Meist wählte er Themen, bei denen sich die harte Grenze zwischen Realität und Fiktion aufzulösen scheint: In seinen Geschichten geht es um Arm und Reich am Phoenix See, um Neonazis in Dorstfeld oder um dealende Asylbewerber in der Nordstadt. Es ist schwierig, Werners Dortmund-Krimis als reine Sonntagabend-Unterhaltung abzutun. Den filmischen Eindruck vom düs-

teren Dortmund verstärkt die Figur des launisch-depressiven Grenzgängers Peter Faber, gespielt von Jörg Hartmann – ganz besonders in Kontrast etwa zu den Münsteraner Tatort-Ermittlern mit ihrem trockenen Humor oder den grundsympathischen Kölner Kommissaren.

Das Tatort-Team hat seinen Dortmund-Produktionen eine ganz eigene, markant-dunkle Note gegeben. Dass die Geschichten polarisieren, ist einkalkuliert. Wenn sich die Dortmunder an Tatort-Sonntagen zum „Rudelgucken" treffen, sei es in der Pauluskirche, im Dortmunder U oder in der Hafenschänke Subrosa, ist häufig zu hören, Dortmund sei zu negativ dargestellt. „Die Stadt und die Polizei unterstützen unsere Dreharbeiten", hält Produzentin Sonja Goslicki dagegen, „ihnen ist bewusst, dass ein Krimi von den negativen Seiten einer Stadt erzählt." Und noch etwas ist der Produzentin wichtig: Jedes Drehbuch, sagt sie, gebe sie vor Beginn der Dreharbeiten zur Beratung an die Polizei. Der „Tatort" soll kein falsches Bild von Polizisten und ihrer Arbeit vermitteln.

Das will auch die Dortmunder Polizei nicht: Sie geht seit Jahren mit einer europaweit einzigartigen Ausstellung gegen Klischees rund um ihre Arbeit vor. Im Polizeipräsidium an der Markgrafenstraße möchte die Ausstellung „110" die „Vielfältigkeit der Polizeiarbeit transparent machen – einmal abseits von Film und Fernsehen", wie es in der Selbstbeschreibung heißt. Und das gelingt kriminell gut: Die Besucherinnen und Besucher tauchen ein in echte Fälle aus dem Arbeitsalltag der Dortmunder Beamten – und dürfen sogar ganz nah an einen nachempfundenen Tatort heran: eine Küche, mit Liebe zum Detail in Szene gesetzt. An der Wand die Blümchentapete, in der Vitrine das Geschirr und auf dem Boden, mitten im Raum, ein Mann im Trainingsanzug und Turnschuhen auf dem Bauch liegend. Seine rechte Hand umklammert noch eine Bierdose. Links neben seinem Kopf liegt ein blutiges Messer, auf seinem Rücken erkennt man zwei frische Stichwunden. Auf dem Küchentisch: mehrere leere und umgekippte Bier- und Weinflaschen, auch einer der drei Stühle ist umgefallen. Blutspuren am Kühlschrank, ein blutiger Fußabdruck auf dem Boden – was ist geschehen?

Wer mag, darf sich auf Spurensuche begeben und die eigenen Ergebnisse mit denen der Profis vergleichen. Rund um den Tatort, der mit rot-weißem Flatterband abgesperrt ist, wird erklärt, wie die Spurensicherung arbeitet: Die Fingerabdrücke an der Bierdose werden mit Sekundenkleber bedampft. Die nun sichtbaren Spuren werden abfotografiert, ins Negativ verkehrt, gescannt und in eine Datenbank eingespeist. Mit etwas Glück kennt der Rechner das Muster bereits und spuckt einen Namen aus.

Wer sich für echte Kriminalfälle interessiert, findet in der Ausstellung eine kleine Bibliothek aus Sammelmappen mit Original-Straftaten aus der Region – eine kurze Beschreibung des Falls und seine Aufklärung, manchmal angereichert mit Fotos von Beweisstücken oder sogar Tatort-Ansichten aus der Akte. „Vierzehnjähriger erschlägt Rentner mit Beil“ lautet die Überschrift auf einem Ordnerrücken, „Bankräuber durch Schreibmaschine gefasst“ oder „50 Kilo Heroin“ auf anderen. Einige Ordner tragen eine Alterswarnung: Wer noch nicht 14 ist, stellt ihn besser wieder zurück, um gut schlafen zu können. Nicht nur Fernsehkrimis und Horrorfilme können Angst machen – die Realität ist oft grausam genug.

Es sind weniger die Straftaten, die in Filmen unrealistisch geschildert werden, sondern die sich anschließende Polizeiarbeit. „Er muss seinen Mörder gekannt haben – an der Tür sind keine Aufbruchspuren!“ - „Er ist seit einer Stunde tot.“ - „Wir haben ei-

nen Durchsuchungsbefehl" – solche aus Krimis allzu vertrauten Sätze kommen den Dortmunder Tatort-Kommissaren nicht über die Lippen, wenn das Drehbuch den Polizei-Check bestanden hat. Echte Kommissare, auch das lehrt die Ausstellung, würden so etwas niemals sagen. Warum?
Auch ohne zu wissen, wer vor der Tür steht, öffnen Menschen ihre Türen, dem Paketboten etwa oder einem vermeintlichen Zählerableser – daher lässt sich von einer intakten Tür nicht gleich darauf schließen, dass sich Täter und Opfer kannten. Die Aussage, das Opfer sei „seit einer Stunde tot", wird in der Realität allein deshalb nicht fallen, weil eine Stunde nach der Tat meist weder die Mordkommission noch die Mitarbeiter des Instituts für Rechtsmedizin am Tatort eingetroffen sind. Und ei-

Was ist hier geschehen? In der Ausstellung „110" im Polizeipräsidium kann man seine Fähigkeiten als Ermittler an einem Tatort testen.

nen „Durchsuchungsbefehl“ gibt es nicht von der Staatsanwaltschaft, sondern nur einen Durchsuchungsbeschluss. Wichtiger Unterschied: Bei einem Befehl müssten die Kriminalbeamten die Wohnung unverzüglich durchsuchen – ein Beschluss erlaubt es ihnen nur, zum selbst gewählten Zeitpunkt.
Auch wenn die vielen Krimis in Film, Fernsehen und Literatur anderes suggerieren: „Straftaten gegen das Leben“, so der Oberbegriff, sind glücklicherweise selten. Im Zuständigkeitsgebiet des Polizeipräsidiums Dortmund, zu dem auch noch Lünen gehört, sind es durchschnittlich 20 pro Jahr. Beinahe alle werden aufgeklärt. Vielleicht nicht immer im Laufe einer Nacht, wie im Dortmund-Tatort „Sturm“ (2016), aber doch meist binnen eines Jahres.
Die Kriminalität ist nur ein Bereich in der 110-Ausstellung. Eine neue Abteilung erzählt seit 2016 auch von der (Dortmunder) Polizeigeschichte und von der unrühmlichen Rolle der Polizei im Nationalsozialismus – aber das ist ein anderes dunkles Kapitel …

Sechs Tage im Juni: Als der Kalte Krieg in Dortmund ankam

Es war ein ebenso einmaliges wie wahnwitziges Experiment: Vor mehr als 50 Jahren, vom 8. bis zum 14. Juni 1964, probten 144 Menschen für den atomaren Ernstfall. Eine Woche lang zogen sie unter wissenschaftlicher Beobachtung in den einzigen Atombunker, den es bis dato gab, den Dortmunder Sonnenbunker. Er sollte Modell stehen für hunderte und tausende weiterer Bunker aus dem Zweiten Weltkrieg, die die Bundesregierung im Kalten Krieg atomsicher machen wollte. Doch dazu kam es nicht …

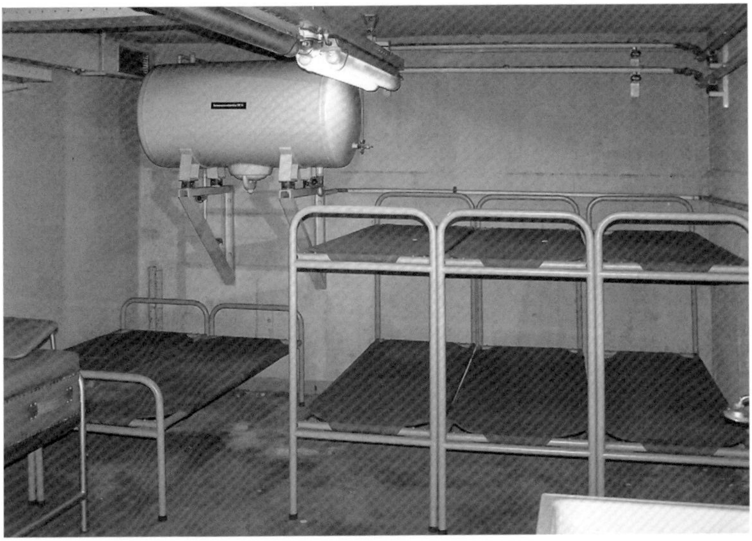

Schmale Betten, eng aneinandergestellt: Sechs Stunden durften die Probanden während des „Belegungsversuchs" liegen.

Ausgerechnet „Sonnenbunker": Hinter dem freundlichen Namen verbirgt sich ein fensterloser Betonklotz, in den niemals auch nur ein Sonnenstrahl fiel. Seinen Namen verdankt er der Sonnenstraße – Bunker wurden in der Regel nach den Straßen benannt, an denen sie lagen. Der Sonnenbunker war ein Nachzügler. Ab 1943 bis 1945 errichtet, war der Krieg schon vorbei, bevor er den Dortmunderinnen und Dortmundern Schutz vor Bombenangriffen gewähren konnte. Doch seine Zeit sollte noch kommen – 19 Jahre später.

Inzwischen hatten sich die Zeiten dramatisch geändert. In den 1960er-Jahren schien die Welt am Abgrund. Die Atommächte standen einander drohend gegenüber, und Deutschland lag in der Mitte. Plötzlich gerieten die rund 3000 aus dem Zweiten Weltkrieg übrig gebliebenen Betonbunker wieder in den Blick. In ihnen glaubte man, eine Möglichkeit gefunden zu haben,

Der Aufenthaltsraum hat den Charme eines Bahnabteils. Dort verbrachten die Teilnehmerinnen und Teilnehmer des Experiments zwölf Stunden pro Tag.

um zumindest einen Teil der Bevölkerung im Falle des Falles schützen zu können. Allerdings mussten die Bunker dafür erst einmal modernisiert und umgebaut werden. Wie, das sollte in Dortmund erprobt werden: Zwischen 1959 und 1963 investierte die Bundesregierung 3,5 Millionen Mark, um den Sonnenbunker als Testbunker Nummer eins modellhaft in Stand zu setzen. Der Bau im Kreuzviertel bot dafür offenbar beste Voraussetzungen, obwohl (oder gerade weil?) er zu Kriegsende erst im Rohbau fertiggestellt war. Nach seinem Umbau sollte er im Ernstfall 1500 Menschen aufnehmen und ihnen 30 Tage lang Schutz vor einer Atombombe mit der vierfachen Sprengkraft der Hiroshima-Bombe bieten.

Doch bevor mehr als tausend Bunker in ganz Deutschland für viele Millionen Mark nach Dortmunder Vorbild umgebaut würden, brauchte man noch mehr Informationen, wollte weiterforschen. Würden die Menschen im Ernstfall im Bunker überleben können? Welche Auswirkungen hätten das Bunkerklima, die Ernährung, der veränderte Tagesrhythmus auf die Gesundheit und Leistungsfähigkeit von Jung und Alt? Und was würden die Beschäftigungslosigkeit und die Abgeschiedenheit im fensterlosen Beton mit der Psyche machen?

Und so begann die Bundesregierung mit den Planungen für ein einmaliges Experiment – das bis dato aufwändigste in Sachen Zivilschutz. Die medizinische Oberaufsicht hatte Prof. Josef Schunk vom Bundesamt für Zivilschutz. 144 Freiwillige, so der Plan, sollten in einem „Belegungsversuch" sechs Tage lang in den Bunker gehen. Offiziell galt der Test nicht der technischen Brauchbarkeit des Bunkers, sondern „der seelischen

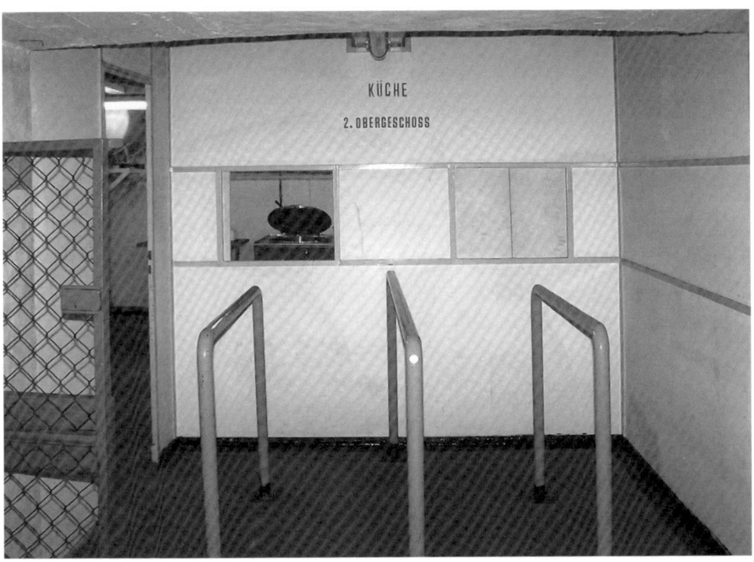

Bitte anstellen: An der Durchreiche zur Küche gab es das Essen, das man im Aufenthaltsraum mit dem Tablett auf den Knien einnahm.

und körperlichen Widerstandsfähigkeit der Menschen“, wie die Zeitschrift „Zivilschutz“ 1965 schrieb. Dennoch lieferte das Humanexperiment ganz nebenbei viele Hinweise darauf, dass der Bunker trotz seines aufwändigen Umbaus im Ernstfall nicht genügt hätte. Lüftung, autonome Wasserversorgung und -aufbereitung, Heizung, Küchenkapazität – in allem hätte nachgebessert werden müssen.
Mit Aufrufen in ganz Deutschland wurden zunächst Frauen und Männer zwischen 50 und 67 Jahren gesucht sowie Mütter mit Kindern zwischen drei und zwölf Jahren – jene Menschen, die im Ernstfall wohl vorrangig Schutz im Bunker gefunden hätten. Bundeskanzler Ludwig Erhard persönlich rief in einer Rede zur freiwilligen Mitarbeit auf, und tatsächlich fanden sich ausreichend Freiwillige und auch Frauen, die sich und ihre Kinder dem Experiment aussetzen wollten – motiviert wohl auch durch die Aussicht auf das Tagesgeld von 50 Mark pro Person. Doch es gab Proteste in der Bevölkerung. Letztlich untersagte Bundesgesundheitsministerin Elisabeth Schwarzhaupt die Teilnahme von Kindern. Stattdessen sollten sich junge Frauen zwischen 16 und 21 Jahren zu den älteren Herrschaften gesellen.
Am 8. Juni 1964, 12.05 Uhr ging es los – die Schleusen schlossen sich hinter 144 Menschen aus ganz Deutschland. Neben den Freiwilligen gehörten auch Ärzte, Psychologen, Techniker und Journalisten zur Besatzung, die ihre Reportagen und Berichte täglich schon während des laufenden Versuchs nach außen gaben. Dadurch ist gut dokumentiert, was sich während der Tage im Bunker abspielte, vor allem dank Edmund Nilsens im Osang Verlag München erschienenem Bericht „Die Nacht der 144 Stunden. Belegungsversuch im Dortmunder Sonnenbunker Juni 1964“. Nachzulesen ist er auf der Webseite des Sonnenbunkers (www.sonnenbunker.de).

Schon beim „Einchecken“ gingen die Probleme los. Wie sich herausstellte, hatten einige Probanden viel zu viel eingepackt. Nur das Allernötigste war erlaubt, und so ging es erst einmal zum Umziehen. „Die Männer präsentierten sich nach dem Garderobenwechsel in Trainingsanzügen oder Wanderroben. Nur ein Einziger war mit gestärktem Kragen erschienen. Er nahm ihn auch während der gesamten Bunkerzeit nicht ab, sondern verbrachte die Sitzstunden wie auf einem Amtsschemel: mit Schlips und korrekt gebügelten Hosen“, berichtet Edmund Nilsen.

Die Formulierung „Sitzstunden“ deutet schon darauf hin: Frei bewegen konnten sich die Männer und Frauen im Bunker mitnichten; sie hatten entweder einen der 500 Liege- oder einen der 1000 Sitzplätze einzunehmen. Die Versuchsleitung hatte die Menschen in drei Gruppen eingeteilt und den Tag von 24 auf 18 Stunden reduziert. Jede Gruppe bekam sechs Stunden Schlaf – im Liegeraum, der mit den nah beieinander stehenden Zeltstoff-Etagenliegen fast völlig ausgefüllt war. Jede Liege war nur 65 cm breit und 1,90 m lang. Die Bettwäsche bestand aus Papier-Steppdecken, angefüllt mit Reißwolle, die während der sechs Tage für ihren Einsatz in Not-Krankenhäusern erprobt wurden – quasi ein Versuch im Versuch.

Nach der Liegephase holte man sich sein Essen in der Küche, das man im Sitzraum und ohne Tisch einnahm, mit einem Holzbrett auf den Knien. Das Essen stammte aus Konservendosen, morgens und abends gab es Brot aus der Dose mit Marmelade oder Wurst – insgesamt 2000 Kalorien pro Tag. Zu trinken gab es ausschließlich Tee, zwei Tassen pro Tag.

Der Sitzraum war Aufenthaltsort für die folgenden sechs Stunden. Ausgestattet war er mit Bänken, die an die „Holzklasse“ der Deutschen Bundesbahn erinnern und dieser wohl auch nachempfunden waren. Auch die Sitzräume „ließen kaum einen

Die Küche des Sonnenbunkers hätte im Ernstfall für 1000 Menschen kaum ausgereicht.

schmalen Gang übrig, durch den man sich an seinen Platz begeben konnte", so Nilsen. Nach sechs Stunden gab es erneut Essen, und es ging für weitere sechs Stunden in den Sitzraum. Liege- und Sitzräume sind noch heute voll ausgestattet und geben einen Eindruck davon, unter welchen Bedingungen die Menschen sechs Tage lang im Bunker ausharrten. Was tut man zwölf Stunden lang im Sitzen? Die Männer holten ihre Skatkarten heraus, Frauen ihr Strickzeug, schildert Edmund Nilsen. Auch Rauchen war erlaubt. Die dicken Bücher, die viele Probanden mitgenommen hatten, blieben jedoch meist ungelesen, schrieb er, „weil man sich einfach nicht daran gewöhnen konnte, daß die Tür so oft aufging; die Nachbarn heftig miteinander diskutierten und außerdem spitze Knie und noch spitzere Ellenbogen sich so oft gegen den ins Buch mehr Geneigten als Vertieften bohrten." Zu weiterem Stress führten die Toiletten, die nur mit einem Vorhang statt mit Türen ausgestattet waren – eine Vorsichtsmaßnahme für den atomaren Ernstfall, um zu verhindern, dass sich diejenigen, denen die Rettung in den Bunker gelungen war, aus Sorge und Schuldgefühlen gegenüber ihren Verwandten draußen das Leben nahmen. Solche Ängste hatten die Freiwilligen im Bunker natürlich nicht – mit den Vorhängen mussten sie trotzdem leben. Dafür durften sie Post ihrer Angehörigen erhalten. Auf diesem Wege gelangten auch die bereits erschienenen Zeitungsartikel über den Belegungsversuch in den Bunker. Das führte zu weiterem Unmut, der sich gegen die Journalisten richtete, die den Versuch mit berufsbedingter Neugier mit der Kamera und gezücktem Stift begleiteten.

Schon an Tag zwei wurde klar, dass die Bunker-Bewohner zu viel Wasser verbrauchten. Körperwäsche etwa war tabu – woran sich nicht jeder gewöhnen mochte. Versuchsleiter Prof. Schunk mahnte zur Sparsamkeit und hielt die Gruppen an, Sprecher zu wählen. „Selbstorganisation" lautete das Stichwort: Zum Experiment gehörte auch die Frage, ob es der Notgemeinschaft gelingen würde, sich eine funktionierende Ordnung zu geben. Es gelang nur begrenzt, was auch an der absehbar begrenzten Zeit liegen mag, die die Probanden im Bunker verbrachten.

Während draußen, hinter den meterdicken Betonwänden, frühsommerliche 30 Grad herrschten, gelang es den Bunkertechnikern, das Thermometer innen auf höchstens 23 Grad Celsius zu halten. Nur einmal stieg im Schlafraum die Temperatur an. Die Techniker wurden nervös, doch die Ursache war harmlos: Eine heimlich gewaschene und zum Trocknen vor einem Lüftungsschacht aufgehängte Unterhose. Auch ein Jubelchor zu Geburtstagen brachte einen kurzzeitigen Hitzeanstieg.

Täglich wurden die Bewohnerinnen und Bewohner körperlich untersucht, täglich füllten sie seitenlange Fragebögen zu ihrem Gesundheitszustand und ihrem Befinden aus. Während die einen sich am stärksten nach Kaffee, Bier oder frischem Obst sehnten, fehlte anderen vor allem erholsamer Schlaf oder endlich einmal Ruhe vor den Mitbewohnern. Einige Ältere wurden im Bunker indes von ihren Kriegserinnerungen eingeholt. Dennoch hielten nahezu alle Freiwilligen durch – bis auf eine Dame, die nach einem Zusammenbruch vorsichtshalber ins Krankenhaus gebracht wurde und einen Mann, dessen Frau im Sterben lag.

Das letzte Mittagessen im Bunker: Möhren mit Rindfleisch und weißen Bohnen. Zu mächtig und zu blähend – das war die einhellige Kritik der Bunkerbewohner am Speiseplan. In den sechs nahezu bewegungslosen Tagen stand ihnen der Sinn eher nach leichter Küche.

Als am Ende der sechs Tage 142 Menschen unter Beobachtung mehrerer Fernsehkameras und lautstark begrüßt von demonstrierenden Atomwaffengegnern zurück ins Tageslicht traten, trugen sie Sonnenbrillen – man wusste schlicht nicht, wie die Augen nach sechs sonnenlosen und lichtgedimmten Tagen auf die Helligkeit reagieren würden.

War das Experiment nun ein Erfolg? Darüber gibt es geteilte Meinungen. Die Wissenschaftler gewannen Massen an Daten und Erkenntnisse darüber, wie 144 Menschen unter Bunker-Bedingungen reagieren. Aber ob sich die Erkenntnisse auf 1500 Menschen übertragen lassen? Die Ingenieure wussten, dass ein Beweis über das Funktionieren der Anlage im Ernstfall noch ausstand. In der Bevölkerung wuchs indes die Kritik am teuren Zivilschutzprogramm. Zum Modell für Deutschland wurde der Sonnenbunker nie – aber immerhin zum Dortmunder Baudenkmal.

Lange noch wurde er gewartet, jeden Freitag, bis zum Fall der Mauer. Im Jahr 2005 verkaufte ihn der Bund an einen Privatmann. Seitdem kann man in regelmäßig angebotenen Führungen selbst eintauchen in eine Zeit, in der der dritte Weltkrieg beängstigend nah schien.

Zum Sterben schön: Der Ostfriedhof

Menschen, die es immer wieder zum Friedhof zieht, müssen düstere Zeitgenossen sein – sollte man meinen. Es sei denn, es handelt sich um einen Friedhof wie den Ostfriedhof. Er gilt als einer der schönsten in Deutschland und ist der Lieblingsort vieler Dortmunder – trotz oder vielleicht wegen der oft geheimnisvollen Geschichten, die sich um ihn ranken.

„Hier ruht unser liebes Töchterchen Carola Lützeler", steht in altdeutscher Schrift auf der oval eingefassten Grabinschrift. Ein kleiner, steinerner Lockenkopf hockt auf dem Sockel über der Inschrift, mit Schmollmund blickt das Mädchen leicht gen Himmel. Sein Körper ist verwittert und angelaufen, und an beiden Ärmchen fehlen die Hände. Kein Wunder, dieses Grab und das steinerne Kind sind über 120 Jahre alt. Die letzte Ruhestätte der kleinen Carola, die im Alter von sieben Jahren aus unbekannten Gründen starb, ist damit eine der ältesten auf dem 1876 gegründeten Ostfriedhof. Und dennoch zählt sie zu den gepflegtesten: Wann immer man an dem Kindergrab ganz in der Nähe des Eingangs vorbeikommt, ist es frisch und liebevoll bepflanzt, und nicht nur das: Stets trägt die Kleine einige Stoffblumen oder kleine Windspiele in ihren beschädigten Ärmchen. Wer das Grab so hingebungsvoll seit Jahrzehnten schmückt, ist ein Geheimnis – eines der Rätsel des Ostfriedhofs.
Der Ostfriedhof ist der älteste noch erhaltene Friedhof der Stadt – der noch ältere „Westentotenhof" wurde längst zum heutigen Westpark, auch wenn einige Grabmale noch an seine einstige Funktion erinnern. Park-Charakter hat der Ostfriedhof auch – unter den alten Platanen, von denen einige sogar als Naturdenkmäler geschützt sind, joggt das Kaiserviertel, Hundebesitzer drehen dort ihre Runden, und viele kommen im Som-

mer zum Lesen oder gar für ein Picknick auf die Wiesen. Der Ostfriedhof ist eine Oase der Ruhe, der Entspannung und ein Wohlfühlort. Das ist kein Zufall: Schon ab 1912 bemühte sich die Stadt darum, das konsequent quadratisch angelegte Gelände aufzulockern. Wenn dort einst keine Menschen mehr beerdigt werden, so der Gedanke, könnte der Ostfriedhof zum Ostpark werden. Es entstanden geschwungene Wege und Gehölzgruppen, man pflanzte Ziersträucher und einzeln stehende Bäume. In den Nachkriegsjahren wurden zwei Felder in der Friedhofsmitte sogar zum Vogelschutzgebiet.

Heute hat der Besucher über weite Strecken das Gefühl, weniger durch einen Friedhof denn durch ein Freilichtmuseum zu spazieren, das die Dortmunder Stadtgeschichte erzählt. Wer den Ostfriedhof durch das geschmiedete Eingangstor betritt, vorbei an der denkmalgeschützten Trauerhalle, unter Platanen, Buchen und Eichen hindurch immer entlang der Hauptachse, dem begegnen bald Namen, die in Dortmund bis heute äußerst präsent sind – von A wie Arnecke bis Z wie Zillken. Albert Arnecke war bis 1900 Bürgermeister in Dortmund, eine Straße im Kreuzviertel ist nach ihm benannt. Anna Zillken leitete von 1928 bis 1962 die Dortmunder Wohlfahrtsschule, heute das Anna-Zillken-Berufskolleg.

Schon das erste Grab, das der Friedhofsbesucher rechts vom Haupteingang entdeckt, ist eines der berühmtesten, meistbesuchten und zugleich eines der ältesten. Unscheinbar ist es, ein kleines Grab mit unauffälligem, niedrigem Grabstein. Ungewöhnlich ist allerdings der schwarze Emaille-Kochtopf auf dem Grabstein, in den rote Margeriten gepflanzt sind. „Hier ruht Henriette Davidis“ lautet die Inschrift. Die berühmteste Kochbuchautorin Deutschlands starb 1876, im Gründungsjahr des Friedhofs. Ihr „Praktisches Kochbuch“ gehörte im späten 19. und frühen 20. Jahrhundert zur Grundausstattung vieler Haushalte nicht nur in Deutschland, durch sie wurde der Satz „Man nehme …" populär, mit dem bis heute viele Rezepte eingeleitet werden. In weiteren Büchern beschäftigte sich Henriette Davidis auch mit dem „Beruf der Jungfrau", oder sie gab Tipps für „Die Hausfrau". Ihre Ratgeber lassen ahnen, wie hilflos und überfordert junge Frauen aus dem Bürgertum zu Beginn einer Ehe oftmals gewesen sein müssen. Davidis selbst blieb zeitlebens unverheiratet. Als erfolgreiche Autorin und Instanz in Sachen Hauswirtschaft lebte sie nicht gerade das Leben, das sie ihren Leserinnen empfahl.

Zwei lebensgroße Bronzefiguren zieren das architektonisch gestaltete Grabmal des Ingenieurs Caspar Heinrich Jucho, dessen Unternehmen 1911, fünf Jahre nach seinem Tod, mit dem Bau der Hochbrücke über den Nord-Ostseekanal berühmt wurde – die bis heute längste Eisenbahnbrücke Europas. Sein imposantes Grab suchte er sich 13 Jahre vor seinem Tod selbst aus: Er kaufte es auf der Pariser Weltausstellung 1898 und ließ es individuell umgestalten. Nicht nur das macht Staunen, sondern auch die Lektüre der Inschriften auf seinem Grabmal: Jucho war verheiratet mit Johanna, geborene Wenker – eine gastronomisch äußerst umtriebige Familie: Johannas Vater August Wenker gehörte der Gasthof „Zum König von Preußen" in Hörde, dessen Vetter Heinrich führte über viele Jahrzehnte die Dortmunder Kronenbrauerei, ihrem Onkel Ludwig gehörte der „Kölnische Hof" – eine damals sehr bekannte Gaststätte in der Nähe des Marktes, und ihr Cousin Hermann führte das Hotel „Zum römischen Kaiser". Juchos Sohn Heinrich heiratete Hilde Hoesch, die Tochter von Hoesch-Gründer Albert, dessen imposantes Grabmal nur wenige Meter entfernt liegt.

Wer mit wem und Who is Who – die Lektüre der Inschriften lehrt einiges über die Verflechtungen und Beziehungen der Dortmunder Eliten im beginnenden Industriezeitalter. Da der Dortmunder Osten schon damals ein beliebtes Wohn- und Villengebiet war, wundert es nicht, dass gerade der Ostfriedhof zur letzten Ruhestätte der Dortmunder Wirtschafts- und Geisteselite wurde.

Einige Meter hinter den Gräbern der Wenkers liegt auf der rechten Seite des Hauptweges ziemlich unscheinbar das Grab mit der Aufschrift „Hier ruht der Musikdirector Franz Giesenkirchen". Der Kapellmeister spielte Ende des 19. Jahrhunderts bei den rauschenden Festen des „tollen Bomberg" auf – jenes Titelhelden aus Joseph Wincklers Schelmenroman, verfilmt mit Hans Albers, dem Freiherr Giesbert von Romberg II. in seinem Schloss am Rombergpark als Vorbild diente.

Auf dem jüdischen Teil des Ostfriedhofs wird bereits seit 1921 niemand mehr bestattet. 1898 angelegt, wurden viele der Grabstätten im Krieg beschädigt und durch Nationalsozialisten geschändet – der Originalzustand konnte später nicht vollständig wiederhergestellt werden. Aber auch hier, auf Feld 14, ranken sich viele Geschichten und Anekdoten um die Namen der hier Bestatteten. Isidor Goldschmidt etwa starb 1919. Der Getreidegroßhändler hatte 1888 die Dortmunder Getreidebörse mit gegründet und Dortmund damit zum Zentrum des regionalen Kornhandels gemacht. Das erste Telefon in Dortmund soll ihm gehört haben. Seine Nichte Bertha heiratete den berühmten Kunsthändler und -sammler Alfred Flechtheim, der heute als bedeutender Förderer avantgardistischer Kunst gilt. In Dortmund sorgte das damals nicht gerade für Bewunderung: Flechtheim legte einen Teil der Mitgift in kubistischer Kunst an, sehr zum Entsetzen seiner Schwiegereltern.

Ein Großteil der Inschriften auf dem jüdischen Friedhofsteil ist kaum mehr zu erkennen. Umso mehr fallen zwei Handreliefs auf, die oben auf einem der Grabmale prangen. Wer hier begra-

Das Grab der siebenjährigen Carola Lützeler auf dem Ostfriedhof ist 120 Jahre alt und wird von unbekannter Hand liebevoll gepflegt.

ben liegt, ist nicht mehr zu erkennen – doch die beiden Hände grüßen die Passanten mit nach oben ausgestreckten Fingern, wobei kleiner Finger und Ringfinger sowie Zeige- und Mittelfinger jeweils voneinander abgespreizte Paare bilden. Es ist eine Geste, die heute aus den „Star Trek“-Filmen bekannt ist: der „vulkanische Gruß“. Tatsächlich hat sich Schauspieler Leonard Nimoy in der Rolle des Mr. Spock dabei von seinem jüdischen Glauben inspirieren lassen: Im Judentum ist dies eine Geste des Segnens.

Immer wieder gibt es neue Rätsel rund um den Ostfriedhof – zuletzt waren es die „Baum-Gesichter“, die an einigen Bäumen auf dem Ostfriedhof auftauchten: In die Baumrinde hineingearbeitete Fratzen – Masken ohne Augen, dafür aber mit sorgfältig und täuschend echt ausgestalteten Gebissen. Die einen fanden sie lustig, andere eher gruselig – und niemand weiß, wer sie angebracht hat. Typisch Ostfriedhof!

Fußball als Kopfkino: Blind im Stadion

Deutschlands größtes Fußballstadion, der Signal Iduna Park, hat 81 360 Plätze. Zwanzig davon sind reserviert für Fans, die nicht oder nur eingeschränkt sehen können. Blinde Stadionbesucher hören dabei via Kopfhörer Reportern zu, die das Spielgeschehen für sie hörbar machen. Ein Stadionbesuch mit Conny Dietz vom BVB-Fanclub „Blind Date“.

An einem Heimspieltag, abends um 21 Uhr, ist der Signal Iduna Park einer der hellsten Orte der Stadt. Im gleißenden Flutlicht leuchtet der Rasen fast unnatürlich grün, während links und rechts, über und unter den Zuschauern ein schwarz-gelbes Meer aus Trikots, Schals und Fahnen wogt. Ein Stadionbesuch bei Borussia Dortmund ist auch optisch ein überwältigendes Erlebnis. Nicht so allerdings für Conny Dietz: Die 55-Jährige wurde mit einer Stoffwechselkrankheit geboren, die ihr nur zwei Prozent Sehkraft lässt. Conny Dietz erkennt schemenhaft Umrisse und Farben – mehr nicht. Aufhalten ließ sie sich davon noch nie. Als Kind ging sie mit Sehenden zur Schule, entdeckte ihre Sportleidenschaft und wurde Leistungssportlerin. Sechs Mal nahm sie an den Paralympics teil, gewann 1996 mit der Goalballmannschaft paralympisches Gold und führte 2008 die deutsche Mannschaft als Fahnenträgerin in Peking ins Stadion. Nach ihren Erfolgen im Goalball folgten weitere als Torballerin und im Blindenfußball. Heute ist der Sport nur noch Hobby, dafür schaut sie umso mehr zu – bzw. hört hin: Es gibt nur wenige Spiele ihres Lieblingsvereins, die Conny Dietz entgehen. Mit dem Fanclub „Blind Date“ besucht sie nicht nur die Heimspiele des BVB, sondern reist dem Club hinterher – ob nun nach Lissabon, Berlin oder Madrid.

Conny Dietz vom BVB-Fanclub „Blind Date“ verpasst kaum ein Spiel ihres Fußballclubs. Als Blinde verfolgt sie das Geschehen mit den Ohren.

Wer Conny Dietz in ihrer vertrauten Umgebung sieht, würde nicht auf die Idee kommen, dass sie kaum etwas sieht: Sicher und souverän bewegt sie sich in der Wohnung, entschuldigt sich für das vermeintliche Durcheinander und trifft die letzten Vorbereitungen für den Stadionbesuch: BVB-Hose und -Trikot trägt sie bereits, dazu kommen nun BVB-Wetterjacke und gelbe Turnschuhe, BVB-Schal und ein schwarz-gelbes Stirnband. Ist die Dauerkarte im BVB-Portemonnaie? Ja. Dann kann es ja losgehen!
Ihr Fußweg zum Stadion beträgt nur gut 15 Minuten. Erst als es kurz vor dem Stadion etwas voller wird auf der Straße, nimmt Conny den Arm ihrer Begleiterin und lässt sich durch die Menschenmengen führen, bis hin zum Blind-Date-Treffpunkt kurz vor dem Eingang. Die Mitglieder des Fanclubs sind sehbehindert – und haben doch nur Augen für den BVB. Das Logo des 2002 gegründeten Clubs ist dann auch ein Auge, in dessen Pu-

pille ein BVB-Logo prangt. „Blind Date“ ist der erste und bisher einzige BVB-Fanclub für blinde und sehbehinderte Fans, inzwischen hat er 42 Mitglieder. Conny Dietz ist seit 2009 dabei.

„Conniiiieeeee“, schallt es aus allen Richtungen, als sie durchs Stadion geht. BVB-Volunteers – Freiwillige, die sich um das Wohl und die Sicherheit der Zuschauer kümmern – begrüßen und umarmen sie, geleiten sie vom Sondereingang bis zu Block 5, Reihe 1. Dort sitzen Conny und ihre Vereinskolleginnen und -kollegen direkt auf Höhe der Torlinie. Die imposante Südtribüne, die schwarz-gelbe Wand mit ihrem Getrommel und Gesängen, liegt direkt links.

Am Platz wartet schon Volunteer Daniel, der ebenfalls ausgiebig umarmt wird. Conny erkundigt sich nach seinem kleinen Sohn und fragt, bei welchen Spielen er als Nächstes eingesetzt ist. Daniel kramt derweil in seinem Rucksack und befördert Kopfhörer und Funkempfänger heraus. Beides wird Conny in den kommenden 90 Minuten ihre Augen ersetzen. Und schon beginnen die Rituale im Vorfeld des Spiels: Die Fahnenschwenker betreten den Platz und zeigen minutenlang Flagge für ihren Fanclub. „Hab‘ ich auch schon mal gemacht“, sagt Conny beiläufig. Dann nimmt sie ihren Schal vom Hals und wedelt ihn im Kreis durch die Luft – und 80 000 Fans mit ihr.

Die ganz besondere Atmosphäre im Fußballstadion erleben Blinde ebenso wie Sehende: die Pfiffe, wenn die gegnerische Mannschaft aufläuft und das Jubeln für den eigenen Verein, die Fan-Gesänge, die Stadion-Durchsagen. Das allein wäre für Conny Dietz und ihre Vereinskolleginnen und -kollegen Grund genug, ins Stadion zu gehen. Noch besser ist es natürlich, wenn man die Zuschauerreaktionen deuten und am Ende mitreden kann, wenn es um die Bewertung des Spiels geht. Genau dafür sorgen Markus Bliemetsrieder und Martin Feye – ebenfalls auf der Ost-Tribüne, einige Blocks weiter oben.

Markus Bliemetsrieder hockt vor dem Spiel an seinem Arbeitsplatz auf der Pressetribüne, studiert die Mannschaftsaufstellung und macht sich Notizen hinter den Namen einzelner Spieler. Der 43-Jährige sitzt mitten unter seinen Reporter-Kollegen von Radio und Zeitungen – doch seine Aufgabe ist eine ganz besondere. Er und sein Kollege arbeiten im Auftrag des BVB, sie sind ausschließlich dafür zuständig, den blinden Stadionbesuchern das Spielgeschehen akribisch zu beschreiben. Die beiden reportieren exklusiv für die 20 Zuschauerinnen und Zuschauer aus Block 5. Ihre Stimmen sind es, die Conny in den nächsten 90 Minuten über das Spiel auf dem Laufenden halten.

„90 Prozent reportieren, 10 Prozent kommentieren" – so beschreibt Bliemetsrieder seinen Job als Blindenreporter. Anders als die Radio-Kollegen verortet er beinah sekündlich die Stellung des Spiels und die Lage des Balls, nennt Namen und beschreibt die Winkel, in denen der Ball geschossen wird. „Die Dortmunder haben jetzt den Freistoß zurückgespielt, Ginter zu Bürki, wieder zu Ginter, alles noch in der Dortmunder Hälfte, jetzt ist der Ball wieder im Dortmunder Strafraum, hier auf halblinker Position, 25 Meter vom Tor entfernt …" – so klingt es, wenn man als Reporter „hart am Ball" ist. Und genau das erwarten seine Zuhörer von ihm.

Bliemetsrieder gehört zu den ersten deutschen Blinden-Fußballreportern: Schon seit 2005 ist er im Einsatz. Längst hat er seinen Juristen-Job an den Nagel gehängt und lebt davon, was ihm am meisten Spaß macht: Sportreportagen. Im ersten halben Jahr, sagt er, habe er sich immer wieder dem Urteil seiner Zielgruppe ausgesetzt. Nach jedem Spiel traf er sich mit seinen Zuhörern und forderte Feedback ein: Was wollt ihr hören? Was soll ich anders machen? Im Zentrum seiner Reportagen steht seitdem allzeit die Frage aller Fragen: Wo ist der Ball? Und wer

Markus Bliemetsrieder zaubert mit seiner Audio-Reportage das Spiel in die Köpfe der blinden Fans.

hat ihn? Im nächsten Schritt hörte er seine Reportagen selbst kritisch noch einmal an, auf der Suche nach Füllwörtern und Formulierungen, die nichtssagend und leer klingen. Die Mühe hat sich gelohnt: Inzwischen gehört Markus Bliemetsrieder zu den Besten seiner Branche. Für die FIFA, UEFA und fürs ZDF war er im Einsatz, nicht nur beim Fußball, sondern gehörte auch zum Medienteam für die Olympischen Spiele.

Sprechend jederzeit auf Ballhöhe zu bleiben – das klingt nicht besonders schwierig, ist aber eine Aufgabe, der nur gewiefte Wortakrobaten, Schnellsprecher und -denker gewachsen sind. In den vergangenen Jahren haben sich Fußballspiele dramatisch beschleunigt – und mit ihnen die Blinden-Reportage. Alle zehn Minuten wechseln sich Markus Bliemetsrieder und Martin Feye ab, und ihr Einsatz gleicht einem Sprech-Dauerfeuer. Spielernamen, Positionen und Meterangaben sprechen sie nonstop in ihr Mikro, dazwischen kommentieren sie auch noch das Geschehen am Rand: Tuchel gestikuliert wild mit beiden Händen, auf der Südtribüne wird ein Spruchband entrollt, ein Spieler wird vom Mannschaftsarzt und der Physiotherapeutin behandelt. Nur wenn ein Eckball geschossen wird, bleibt ein wenig Zeit zum Luftholen – die sofort genutzt wird, um Hintergrundinformationen oder etwas Statistik einzustreuen.

Einige Meter weiter unten hat Conny die Kopfhörer längst aufgesetzt, der Kopf ruht auf dem Kinn, und sie lauscht dem steten Redefluss der Reporter, während sie selbst wie ein Mantra mit der Südtribüne mitsingt: „Weil wir dich so lieben, gewinnst du dieses Spiel!" Wenn der Reporterton hektischer wird, hält sie inne und blickt nach oben. Einmal muss sie laut lachen: Der Gegenspieler, sagt Markus Bliemetsrieder gerade, umschwirre den BVB-Spieler „wie eine lästige Fliege ein Pferd". Plötzlich ohrenbetäubendes Gepfeife von der „Süd" – Conny drückt den Kopfhörer dichter an die Ohren, um den Grund für den Unmut hören zu können: Matthias Ginter liegt nach einem Zusammenstoß am Boden und kommt humpelnd wieder auf die Beine. Es ist ein mühsames Spiel, in dem die deutlich schwächer platzierten Gegner dem BVB nicht viele Chancen lassen – alles läuft auf einen sogenannten Arbeitssieg hinaus. Conny seufzt. „Kein schönes Spiel … aber da fragt hinterher keiner mehr nach", fasst sie pragmatisch zusammen.

Mit ihren zwei Prozent Sehkraft hat Conny Dietz am Ende wohl mehr vom Spiel mitbekommen als so mancher Sehende. Und das Stadion-Erlebnis vereint sowieso alle Fans – ob mit oder ohne Sehkraft.

Erhellende Einblicke in die Geschichte: Im Dunkeln durchs Museum für Kunst und Kulturgeschichte

Nachts im Museum? Das gibt es leider nur im Film bzw. während der Museumsnacht. Trotzdem kann man das Museum für Kunst und Kulturgeschichte auch im Dunkeln erkunden. Mit einer Taschenlampe unternehmen junge und jung gebliebene Besucher eine Zeitreise: Der Weg durch das Haus an der Hansastraße 3 führt von der Steinzeit bis ins 20. Jahrhundert und zeigt, wie die Menschen zu unterschiedlichen Zeiten gewohnt und gelebt haben.

Der blaue, schwere Vorhang öffnet sich und gibt den Blick frei – ins Dunkel. Willkommen in der Steinzeit! Ein Junge lässt den Lichtkegel neugierig durch den Raum wandern und kreischt auf: „Iiieh, eine Riesenspinne!" Die Museumsmitarbeiter haben vor der Führung diese und noch einige weitere Überraschungen aus Plastik in der Ausstellung versteckt. Ein bisschen Thrill muss sein. Dabei sind die Geschichten, die die Kinder und ihre Begleiter mit ihren Lampen nach und nach erhellen, eigentlich aufregend genug. Groß werden die Augen, als der Schein der Taschenlampe über einen Haufen blinkender Goldmünzen wandert – die Kinder haben den berühmten Goldschatz entdeckt.
Es war vor 110 Jahren, am 30. August 1907. An der Ritterstraße westlich des Dortmunder U waren Arbeiter gerade mit Ausschachtungsarbeiten für die Brauerei beschäftigt. In nur 90 Zentimetern Tiefe stießen sie plötzlich auf ein kleines, grauweißes Tongefäß mit einem Henkel, um das drei schmale goldene Halsreifen gelegt waren – darin und daneben jede Menge goldener Münzen. Genau 444 zählten die Archäologen später,

dazu noch einige Bruchstücke von Silbermünzen. Die Arbeiter ahnten nicht, dass sie den größten Fund spätrömischer Münzen auf deutschem Boden gemacht hatten. Die älteste Münze stammt aus dem Jahr 335, als Constantin der Große regierte; die jüngste aus der Zeit von 407 bis 411. Möglicherweise hat der Schatz einem germanischen Soldaten gehört, der als Freiwilliger im römischen Heer am Rhein gedient und die über viele Jahre angesammelten Münzen nach seiner Militärzeit nach Dortmund gebracht hat. Die Stadt Dortmund gab es freilich damals noch gar nicht, höchstens erste Siedlungen. Doch der Fundort der Münzen liegt an einer schon damals bedeutenden Handels- und Heerstraße: dem Hellweg.

Und diese Straße hat noch mehr spannende Funde zu bieten. Etwa zehn Kilometer vom Fundort der Münzen entfernt, am Hellweg in Asseln, stießen die Archäologen der Stadt ab 1999

Mit der Taschenlampe durchs Museum: Auf ihrer Schatzsuche beleuchten die Kinder die skurrilen Exponate aus der nachgestellten „Wunderkammer".

auf verschiedene Friedhöfe bzw. Grabstätten – die ältesten aus der Steinzeit, der Bronzezeit und dem frühen Mittelalter. Zwei Gräber aus der Zeit der Völkerwanderung im 6. und 7. Jahrhundert waren besonders reich ausgestattet: die der „Herrschaften von Asseln“, wie sie schon bald genannt wurden. Es handelte sich vermutlich um das Anführerpaar. Wie sie bestattet wurden, entdecken die Kinder nun im Schein der Taschenlampe, denn die Gräber wurden für die Ausstellung im Museum rekonstruiert: Der Herr traditionell im Baumsarg mitsamt seiner Waffen, darunter Schild und Lanze, Spatha-Schwert und Sax, ein einschneidiges Messer. Seine Gattin dagegen bestattete man in einer aufwändig gestalteten hölzernen Grabkammer und mit ihrem Schmuck: Eine bronzene Gürtelschnalle, eine Haarnadel, fein gearbeitete Fibeln, eine bunte Perlenkette, ein bronzener Armreif und ein bestens erhaltener mundgeblasener Spitzbecher aus Grünglas begleiteten sie ins Jenseits.

Wer war diese Frau? Um das herauszufinden, griffen die Archäologen auf die Hilfe einer anderen Disziplin zurück. Eine Isotopenuntersuchung der Zähne ergab: Die Frau ist in ihrem Leben ziemlich weit gekommen. Geboren wurde sie weit östlich, in Böhmen oder Mähren. Mit den Langobarden wanderte sie nach Italien und bekam dort zwei Kinder, die ebenfalls in Asseln begraben liegen. Auch einen Teil ihres Schmucks hat sie aus Italien. Wie sie dann nach Dortmund gelangte, ist unklar – vielleicht als „Kriegsbeute“? Oder traf sie in Italien auf den adeligen Anführer und Herren von Asseln, mit dem sie später bestattet wurde?

Gebannt hören die Kinder zu – so viel kann man aus den Zähnen herauslesen?

Doch es geht weiter – aus der Zeit der Völkerwanderung in die Neuzeit. Im Museum für Kunst und Kulturgeschichte liegt sie nur

Geschichte zum Anfassen und Erforschen bietet die Taschenlampenführung durch das Museum für Kunst und Kulturgeschichte.

eine Etage höher. Dort wird es kurzzeitig hell – und wer noch nie dort war, schaut sich überrascht um: Einen so großen, prachtvollen Raum hätte man von außen nicht vermutet. Die Rotunde mit ihrer Kuppel ist das Herzstück des Museums, das früher einmal eine Sparkasse war. Von dort geht ein Raum ab, in dem die Taschenlampen wieder angeknipst werden können und lauter geheimnisvolle Dinge erhellen. Willkommen in der Wunderkammer! Wunder- oder Kunstkammern und Raritätenkabinette, erfahren die Besucherinnen und Besucher, gehören zu den Vorläufern der heutigen Museen. In ihnen sammelten unsere Vorfahren – zumindest die Könige, Großherzoge und Fürsten unter ihnen – die „Welt im Kleinen", dort trugen sie zwischen dem 15. und 18. Jahrhundert bevorzugt kuriose und exotische Objekte aus aller Welt zusammen. Die Idee war es, den großartigen Kirchenschätzen, die es in Byzanz, in Rom und anderen geistlichen Zentren gab, etwas Adäquates zur Seite zu stellen. Die größten Kunst- und Wunderkammern gab es im deutschsprachigen

Raum bei den Wittelsbachern in Bayern und den Wettinern in Sachsen. Anders als die meisten heutigen Museen stellten die Kunst- und Wunderkammern nicht eine Kunstgattung alleine aus. Vielmehr wollten sie ein Spiegelbild des Kosmos sein. Und so enthielten sie wissenschaftliche Messinstrumente, Modelle von Bergwerken, komplizierte Uhren, Globen, mechanisches Spielzeug und „Wunderwerke“ wie geschnitzte Porträtköpfe aus Kirschkernen. Teilweise waren es große Ausstellungen, die die Herrscher in ihren Schlössern zeigten, teilweise waren es Kabinette, manchmal aber auch nur wertvolle Sammelschränke oder aufklappbare Koffer, in denen die Welt im Miniaturformat präsentiert wurde.
Was aus heutiger Sicht wie ein unsystematisches Sammelsurium wirkt, war damals der ernsthafte Versuch, die Welt abzubilden – und der Glaube daran, sie beherrschen zu können. Natürlich sollten die Sammlungen auch beeindrucken. Heimischen Künstlern oder Handwerkern, die keine weiten Reisen unternehmen konnten, dienten die Gegenstände als Anschauungsmaterial und der Inspiration. Und so staunen auch die Kinder heute in der nachgestellten Dortmunder Wunderkammer über Totenköpfe, naturalistische Gemälde und Porträts, Porzellanteller und Pläne, finden einen Kugelfisch und erkennen ein Hai-Gebiss, identifizieren eine Jagdflinte und ein Tierfell. Kunstobjekte stehen gleichwertig neben Naturwundern aus aller Welt, Kunsthandwerk neben Erzeugnissen der Ingenieurskunst.
Später, im 18. und 19. Jahrhundert, wurden die Kunst- und Wunderkammern fast alle aufgelöst. Die einzelnen Sammlungsstücke wanderten in entsprechende Spezialsammlungen. Vieles, was einst als „Wunder“ galt, wurde aber auch entsorgt – etwa die „Einhörner“, die man inzwischen als Narwalzähne identifiziert hatte …

Viele Geschichten mehr erzählt das Museum für Kunst und Kulturgeschichte – doch die Führung ist nun vorbei, und die kleinen Besucher sind sich sicher: Wir kommen wieder! Auch im Hellen …

Alles schläft? Viele wachen: Wo Nachtarbeit erforscht wird

Der Taxifahrer am Hauptbahnhof. Die Polizistin in der Nordstadt-Wache. Die Krankenschwester in den Städtischen Kliniken. Die Mitarbeiter im WDR-Verkehrsstudio. Der Stahlarbeiter bei ThyssenKrupp Steel auf der Westfalenhütte. Die Call-Center-Agentin an der B1. All diese Dortmunder gehören zu den mehr als 3 Millionen Menschen, die in Deutschland regelmäßig nachts arbeiten. Was das für sie bedeutet, wird in Dortmund-Dorstfeld erforscht: in der Bundesanstalt für Arbeitsschutz und Arbeitsmedizin (BAuA). Nebenan in der DASA, der beliebten Arbeitswelt-Ausstellung, kann man mit allen Sinnen nachvollziehen, unter welchen Bedingungen Menschen arbeiten – gestern, heute und in Zukunft.

Nachtarbeit – das Thema schien schon fast abgehakt, nachdem die Zahl der Industriearbeitsplätze nicht nur in Dortmund dramatisch abgenommen hat. Doch die Nachtarbeit ist mit den Stahlwerken und Zechen nicht verschwunden, im Gegenteil: Sie nimmt seit Ende der 1990er-Jahre sogar wieder zu. Allerdings hat sie sich verändert: Nachtarbeit betrifft heute nicht mehr nur die Schichtarbeiter in der Schwerindustrie. Sie ist im Dienstleistungssektor angekommen. Wenn eine Versicherung anbietet, „rund um die Uhr“ für ihre Versicherten da zu sein, wenn Su-

permärkte bis Mitternacht geöffnet haben, bedeutet das für die Kunden mehr Service – und für die Beschäftigten Nachtarbeit. Dazu kommt seit eh und je die Arbeit in der Pflege und im Gesundheitssektor, die auch nach Sonnenuntergang weitergehen muss. Damit ist die Nachtarbeit zwar nach wie vor eine männliche Domäne – doch Frauen sind auf dem Vormarsch.
Was Nachtarbeit ist, regelt das Arbeitszeitgesetz: Sie liegt vor, wenn zwischen 23 und 6 Uhr mehr als zwei Stunden gearbeitet wird. Auch Bereitschaftsdienst in dieser Zeit zählt dazu. Was Nachtarbeit mit den Menschen macht und wie man trotz Nachtschichten gesund bleibt, das erforschen die Wissenschaftlerinnen und Wissenschaftler der Bundesanstalt für Arbeitsschutz und Arbeitsmedizin, die 1996 an der B1 eröffnet wurde. Rund 450 Mitarbeiterinnen und Mitarbeiter in Dortmund beraten und informieren das Bundesministerium für Arbeit und Soziales, forschen und entwickeln Praxislösungen zur Sicherheit und Ge-

Die Arbeitswelt-Ausstellung DASA ist das „Schaufenster" der Bundesanstalt für Arbeitsschutz und Arbeitsmedizin und lockt jährlich rund 200 000 Besucher.

sundheit bei der Arbeit. Da geht es um den Umgang mit Chemikalien ebenso wie um das Zusammenwirken von Mensch und Maschine oder um die Auswirkungen des Mindestlohns. Fünf von ihnen befassen sich ausschließlich mit dem Thema Arbeitszeit. Einer davon ist Frank Brenscheidt – der Experte zum Thema Nachtarbeit.

„Wer nachts arbeitet, lebt gegen die innere Uhr. Und solche prekären Arbeitszeiten führen zu gesundheitlichen Risiken, das belegen zahlreiche wissenschaftliche Studien“, sagt er. Ideal ist Nachtarbeit demnach für niemanden. Sie ist eine körperliche Belastung, für jeden. Das liegt am menschlichen Biorhythmus, der eben anders getaktet ist als ein Produktionsbetrieb mit rund um die Uhr laufenden Maschinen: Menschliche Systeme fahren nachts runter, um sich zu regenerieren. Zwar gibt es unter den Menschen verschiedene Chronotypen, und tatsächlich können die „Eulen“ effektiver spät arbeiten als die „Lerchen“, die in der Frühe am fittesten sind. Nachts jedoch gehören sowohl Eulen wie Lerchen ins Bett, denn Kopf, Kreislauf und Organe regenerieren in der Nacht. Dazu kommt, dass der Tagschlaf immer kürzer und nie so erholsam ist wie der Nachtschlaf. Nach und nach bauen Nachtarbeiter so ein Schlafdefizit auf und sammeln Stress an. „Die Folge sind gesundheitliche Beeinträchtigungen bis hin zu chronischen Beschwerden, die man auf den ersten Blick gar nicht mit Nachtarbeit in Verbindung bringen würde – Diabetes und Magenerkrankungen zum Beispiel“, sagt Brenscheidt.

Auch die Arbeit selbst birgt in der Nacht mehr Risiken: Nachts sind wir weniger leistungsfähig, reagieren langsamer und machen daher mehr Fehler, das beweisen Untersuchungen. Je später der Tag, desto häufiger ereignen sich Arbeitsunfälle. Das Risiko dafür ist schon in der Spätschicht um 17,8 Prozent höher als in der Frühschicht. Während der Nachtschicht sind es 30,6 Prozent.

Dass Nachtarbeit grundsätzlich krank macht, kann Frank Brenscheidt allerdings nicht unterschreiben. Es kommt eben auf die Ausgestaltung an. Und da geben die Dortmunder Arbeitsschutz-Experten wertvolle Hinweise. Der wichtigste: Dauernachtschichten vermeiden. „Je mehr Nächte man hintereinander arbeitet, desto riskanter ist es für die Gesundheit", sagt Frank Brenscheidt. Das Ideal beschreibt er so: Auf zwei Frühschichten folgen zwei Spät- und zwei Nachtschichten, gefolgt von vier freien Tagen. Das funktioniert allerdings nur mit einer verkürzten Wochenarbeitszeit. „Es ist schwierig, ein gutes Schichtsystem mit 40 Wochenarbeitsstunden zu organisieren. Gerade in Branchen, in denen körperlich hart gearbeitet wird, gibt es aber leider auch lange Arbeitszeiten." Ein Fehler, den Nachtarbeiter selbst vermeiden können, ist, die Müdigkeit mit Aufputschmitteln oder allzu üppiger Nahrung zu kompensieren. Kaffee, Zigaretten oder schwere Mahlzeiten in der Nacht bergen langfristig Risiken für die Gesundheit.

Es sind nicht nur Schichtarbeiter, die Gefahr laufen, sich von nächtlicher Arbeit nicht mehr vollständig zu regenerieren. Jeder, der nach Feierabend zu Hause noch schnell die E-Mails von der Arbeit checkt, der Arbeit mit nach Hause nimmt oder für seine Kollegen oder Chefs immer erreichbar ist, nimmt ein Risiko in Kauf. „Ruhezeitenregelungen sind nicht willkürlich. Sie dienen unserem Schutz. Und wenn wir sie missachten, bemerken wir die Konsequenzen erst viel später", warnt Brenscheidt. Auch wenn es Beschäftigte kurzfristig als Entlastung wahrnehmen mögen, sich abends am Computer oder Smartphone schon auf den Stand der Dinge für den nächsten Tag zu bringen – langfristig kann sich das rächen.

Ob im Takt der Maschine, ob Nachtdienst im Seniorenheim oder nächtliches Durcharbeiten als Selbstständiger – Arbeitswelten bergen Risiken, die sich im Laufe der Jahrzehnte verändern.

Davon erzählt die DASA Arbeitswelt-Ausstellung, quasi das Schaufenster der Bundesanstalt für Arbeitsschutz und Arbeitsmedizin. Auf 13 000 Quadratmetern vollziehen rund 200 000 Besucher jährlich die Arbeit und den Alltag in der Eisen- und Stahlindustrie nach, erfahren von körperlicher Schwerstarbeit, Schichtdienst und extremen Arbeitsbedingungen durch Hitze, Staub, Lärm und gefährliche Stoffe. Zu den Exponaten gehört etwa ein gigantischer Stahlkocher aus dem Jahr 1955, der einst auf der Westfalenhütte Schrott zu Stahl schmolz – 15 000 Tonnen pro Monat, rund um die Uhr.

Licht aus, Film ab: Das sweetSixteen-Kino im Depot

Im Jahr 1956 lieferten 75 Kinos in Dortmund Unterhaltung für ein Publikum, das zu Hause allenfalls einen Radioempfänger stehen hatte. Inzwischen sind es nur noch sieben, und auch die haben Mühe, sich zu halten: In keiner deutschen Großstadt gehen die Menschen seltener ins Kino als in Dortmund. Dennoch entschlossen sich im Jahr 2008 einige Filmverrückte, ein neues Kino zu gründen. Seitdem räumen sie für ihr Programm Preis um Preis ab. Im „Depot", einem ehemaligen Straßenbahndepot, empfängt das sweetSixteen-Kino vor allem Besucher, die von den anderen Kinos nicht oder zumindest nicht so charmant bedient werden: Eltern, Kinder und Jugendliche, Doku-Fans oder Menschen, die Filme gern im Original sehen.

Es ist Samstag, 14.45 Uhr. Der Duft frisch gebackener, warmer Waffeln weht dem Besucher entgegen, sobald er durch die

Schön kuschelig: Der Empfangsraum des sweetSixteen-Kinos im ehemaligen Straßendepot.

schwere Feuerschutztür in Richtung Kasse geht. Durch das Oberlicht fällt warmes Licht in den Raum; auf Sesseln, Sofas und ausgemusterten Kinostühlen sitzen bereits die ersten Gäste und warten bei Kaffee und Tee. Hinter der Theke steht Suse Solbach und versorgt ihre kleinen Kunden mit dem dampfenden Gebäck, einige entscheiden sich auch für die gemischte Tüte aus Weingummi und Lakritze, die an der Kasse lockt. Ein paar Meter weiter liegt Kino-Hund Henry faul auf seinem Lieblingssessel und lässt sich streicheln. Einige Stammgäste können es nicht erwarten, sie ziehen ihre Eltern rein in den noch hell erleuchteten Kinosaal. Dort ist ein Gutteil der 145 Plätze schon besetzt: Löwen und Affen, Bären und Katzen aus Plüsch hocken da auf den roten Kinosesseln und warten auf die Kinder, während ein Hörspiel die Zeit bis zum Erlöschen des Lichts verkürzt.
Jeden Samstag und Sonntag verwandeln Suse Solbach und ihr Partner Peter Fotheringham den Saal des sweetSixteen-Kinos

in ein Kinderparadies. Ebenso liebevoll, wie sie ihre kleinen Gäste empfangen, suchen sie auch das Programm aus: Es sind ausschließlich ausgezeichnete Kinderfilme, die man am Wochenende im sweetSixteen zu sehen bekommt.
Um 15 Uhr öffnet sich der Vorhang, das Licht erlischt, und der Film beginnt. Ohne Werbung, ohne 3D-Brillen und in angenehmer Lautstärke: Obwohl das sweetSixteen-Kino neben dem „Kino im U“ Dortmunds jüngstes Kino ist, ist es wohl zugleich das altmodischste – im besten Sinne. „Wir hatten früher zu Hause keinen Fernseher und wenig Geld, aber meine Mutter sparte darauf, dass wir einmal pro Woche ins Kino gehen konnten: Schneewittchen, Dornröschen, all die alten Defa-Filme. Noch heute liebe ich Kinderfilme und schaue mir möglichst alle an“, erzählt Suse Solbach. „Es ist wahnsinnig viel Arbeit, aber sie gibt mir so viel. Die Filme berühren die Menschen, sie bleiben im Herzen und im Kopf hängen.“
Zwei Stunden nach den Kindern kommen die Erwachsenen. Das sweetSixteen-Kino zeigt täglich mindestens drei Filme – um 17, um 19 und um 21 Uhr. Die Besucherinnen und Besucher kommen teilweise von weit her. Sie wollen nicht einfach nur ins Kino gehen, sondern genau diese Dokumentation anschauen, genau diesen Film im französischen Original sehen, haben gewartet genau auf diesen bei der Berlinale oder in Cannes ausgezeichneten Film. Rund 200 Filme zeigt das sweetSixteen-Kino im Jahr, 1930 Vorstellungen sind es insgesamt. Inzwischen läuft es gut, das junge Kino hat sein Stammpublikum, es überzeugt durch seine gute Auswahl anspruchsvoller Arthouse-Filme und hat sich bei den Filmverleihern bundesweit einen Namen gemacht. Dabei halfen auch die Auszeichnungen: Fast jährlich wird das Nordstadt-Kino im Depot für sein Dokumentar- und für sein Kinder- und Jugendfilm-

Heute werden die Filme vom Laptop aus gestartet – doch das „sweet-Sixteen“ hat noch zahlreiche alte und funktionsfähige Projektoren.

programm von der Bundesbeauftragten für Kultur und Medien sowie von der Film- und Medienstiftung des Landes ausgezeichnet – als einziges Kino in Dortmund.
Hinter dem Erfolg steckt harte Arbeit. „Wir haben das Kino gegründet, weil wir und viele andere Filmfans in Dortmund Filme vermisst haben, für die man immer in die Nachbarstadt fahren musste“, erzählt Peter Fotheringham, „allerdings haben die Verleihe nicht auf uns gewartet.“ Es gibt rund 100 Filmverleiher in Deutschland, vom Platzhirsch bis zum Einmannbetrieb, und jeden einzelnen telefonierten die beiden ab und machten ihr Kino bekannt. Denn „Nachspieler“ wollten sie nicht zeigen – also keine Filme übernehmen, die bereits eine oder zwei Wochen in anderen Dortmunder Kinos gelaufen waren. Wenn schon, dann wollte man die Filme direkt zum Start zeigen. „Das hat Nerven gekostet“, erinnert sich Fotheringham. Inzwischen sind es die Verleihe, die im sweetSixteen anrufen und ihre Filme anbieten,

und immer öfter müssen Solbach und Fotheringham absagen. Regelmäßig sind auch die Regisseure oder Schauspieler zur Premiere mit anschließendem Filmgespräch zu Gast. Trotz des Erfolgs: Vom Kinobetrieb leben könnten Suse Solbach und Peter Fotheringham nicht. Sie arbeitet eigentlich als Bildende Künstlerin, er ist technischer Leiter des Theaters im Depot, nur wenige Meter vom Kino entfernt. Das sweetSixteen-Kino führen sie als Verein und dürfen nur ihre Ausgaben erwirtschaften – schwierig genug.

Um in den Vorführraum zu gelangen, geht man vom Vorraum eine steile Treppe hinauf und landet in einem ca. 20 qm großen, schlauchartigen Raum, dessen drei kleine Fenster einen Blick in den Zuschauerraum erlauben. Die schwarzen Vorhänge vor den Fenstern sind zugezogen, damit kein Licht in den Saal fällt.

Dunkel ist es im Kinosaal aus Tradition – dank moderner Lichttechnik könnte es ebensogut hell bleiben. Doch die Dunkelheit gehört zum Mythos Kino.

Neben dem alten, mannsgroßen Filmprojektor für analoge Filmkopien steht der neue digitale, nur etwa 40 cm hoch: Seit 2014 stellen die Filmverleiher nur noch digitale Kopien zur Verfügung. Alle Kinos mussten ihre Vorführtechnik umrüsten – auch das sweetSixteen-Kino investierte in das 54 000 Euro teure Gerät. Dank der Digitaltechnik kann Peter Fotheringham die Filme nun auch von der Kasse aus, unten hinter der Theke, mit seinem Laptop starten. Eine Arbeitserleichterung, natürlich – und doch vermisst er die Abende im dunklen Vorführraum, alleine mit dem Film und der Technik. „Das Handwerkliche, das Überblenden oder Wechseln der Filmrollen war ein Teil der Faszination", sagt er.

Ein anderer Teil der Faszination Kino ist in seinen Augen: die Dunkelheit, in der die Menschen den Film genießen. Dabei ist ein abgedunkelter Raum aus technischen Gründen gar

Nicht nur Dekoration: Auch die alten Filmrollen werden regelmäßig noch abgespielt.

nicht mehr zwingend notwendig – das Licht aus dem Projektor könnte so verstärkt werden, dass das Bild auf der Leinwand auch in heller Umgebung gut erkennbar ist. Davon profitiert das sweetSixteen-Kino einmal im Monat vormittags beim Kinderwagen-Kino, wenn Filme für Eltern laufen, die mit ihren Babys und Kleinkindern kommen. Dann ist es im Saal heller und leiser, es gibt Krabbeldecken, Wickeltisch und ausreichend Platz für die Kinderwägen. „Grundsätzlich funktionieren Filme aber in der Dunkelheit am besten“, findet Peter Fotheringham. In einer Dunkelheit, in der man sich gruselt, in der man befreit lachen und hemmungslos schluchzen kann, in der man seinen Gefühlen freien Lauf lässt. „Dunkelheit gehört zum Mythos des Kinos. Für mich setzen Kinos die Tradition der Geschichten am Lagerfeuer fort, die sich die Menschen früher erzählt haben.“ Aus dem Lagerfeuer wurden bewegte Bilder, aus dem Kopfkino das Kino für die Augen. Geblieben ist die Dunkelheit, in der Geschichten einfach besser wirken.

Weitere Bücher aus der Region

Dortmund – einfach spitze!
100 Gründe, stolz auf diese Stadt zu sein
Wilhelm Schöttler
104 Seiten, zahlr. Farbfotos
ISBN 978-3-8313-2912-0

Echt clever!
Geniale Erfindungen aus Nordrhein-Westfalen
Hans-Jörg Kühne
120 Seiten, zahlr. Fotos
ISBN 978-3-8313-2991-5

Als der Feuertod vom Himmel stürzte
Dortmund 1943-1945
Oliver Volmerich
64 Seiten, zahlr. Fotos
ISBN 978-3-8313-1337-2

Wir Kinder der 60er und 70er Jahre
Aufgewachsen in Dortmund
Oliver Volmerich
64 Seiten, zahlr. Fotos
ISBN 978-3-8313-1832-2

Wartberg-Verlag GmbH
Im Wiesental 1 34281 Gudensberg
www.wartberg-verlag.de

Bücher für Deutschlands Städte und Regionen
Tel. 0 56 03 - 93 05 0
Fax. 0 56 03 - 93 05 28